JA

A **MILITANTE**
QUE SE TORNOU
PRIMEIRA-DAMA

CIÇA GUEDES & MURILO FIUZA DE MELO

© 2023 **Ciça Guedes** e **Murilo Fiuza de Melo**
Direção editorial: **Bruno Thys** e **Luiz André Alzer**
Capa, projeto gráfico e diagramação: **Mariana Erthal | @marierthal.arte**
Revisão: **Camilla Mota**
Foto da capa: **Wilton Junior /Estadão Conteúdo**
Fotos dos autores: **Clara Oppel (Murilo)** e **arquivo pessoal**
Tratamento de imagem: **Ricardo Gandra**

Dados Internacionais de Catalogação na Publicação (CIP)
(eDOC BRASIL, Belo Horizonte/MG)

G924j
Guedes, Ciça.
  Janja: a militante que se tornou primeira-dama / Ciça Guedes, Murilo Fiuza de Melo. — Rio de Janeiro, RJ: Máquina de Livros, 2023.
  176 p. : 14 x 21 cm

  ISBN 978-65-00-66054-8

  1. Silva, Rosângela Lula da, 1966- -- Biografia. 2. Cônjuges de presidentes — Brasil — Biografia. 3. Mulheres na política — Brasil.
CDD 923.2

Elaborado por Maurício Amormino Júnior - CRB6/2422

Grafia atualizada segundo o Acordo Ortográfico da Língua Portuguesa de 1990, em vigor no Brasil desde 2009.

1ª edição, 2023

Todos os direitos reservados à **Editora Máquina de Livros LTDA**
Rua Francisco Serrador 90 / 902, Centro, Rio de Janeiro/RJ - CEP 20031-060
www.maquinadelivros.com.br
contato@maquinadelivros.com.br

Nenhuma parte dessa obra pode ser reproduzida, em qualquer meio físico ou eletrônico, sem a autorização da editora

Às mulheres que lutaram e lutam por um Brasil mais justo

SUMÁRIO

Prefácio 9

1. O encontro 19

2. Do anonimato ao centro do palco 33

3. Os anos de formação 51

4. Chegada a Itaipu 65

5. Vida no Rio 77

6. A vigília 99

7. Vida em São Paulo 109

8. O casamento 119

9. No coração do poder 137

Bibliografia 162

Nota do editor 175

PREFÁCIO

Este livro não é uma biografia completa de Rosângela da Silva, até porque aquele que deverá ser um dos principais capítulos de sua vida começa a ser escrito agora. Nossa proposta é revelar quem é Janja — apelido dado pela mãe e que acompanha a atual primeira-dama do Brasil desde criança — para além da imagem que o Partido dos Trabalhadores construiu para ela na mais difícil campanha eleitoral enfrentada pela esquerda brasileira. Afinal, para a maioria das pessoas, a socióloga Rosângela da Silva surgiu do nada, num dia de maio de 2019 em que seu romance com Luiz Inácio Lula da Silva, viúvo de Marisa Letícia, foi revelado ao mundo. A mulher madura, vaidosa e segura de si arrebatou as atenções desde os meses finais da prisão de Lula em Curitiba até a reviravolta que o levou a um terceiro mandato, e teve um papel importante nessa jornada.

Depois que publicamos o livro *Todas as mulheres dos presidentes*, em 2019, para o qual fizemos uma extensa pesquisa sobre as primeiras-damas da nossa República, passamos a acompanhar as notícias acerca das companheiras dos políticos com um olhar mais crítico. Com Janja, vimos se repetirem clichês diante do papel das mulheres de quem chega ao cargo de mandatário de um país. Essas reações, porém, não nos surpreenderam.

Enquanto ela foi "apenas" o esteio emocional que ajudou Lula a suportar os 580 dias de prisão, estava tudo bem. Mas, assim que a pré-candidatura do petista foi confirmada e, mais tarde, a própria candidatura de Lula, a imprensa passou a apontá-la como pivô de dissensões dentro do PT por expressar suas opiniões: foi acusada de ser invasiva, excessivamente opinativa e de causar incômodos. Mais uma vez, o que estava nas entrelinhas — e chegou mesmo a ser dito com todas as letras — era que a primeira-dama deveria cumprir seu papel histórico: ser discreta e restringir-se aos aposentos do casal.

Essa visão revela também o desconhecimento da história de nossas primeiras-damas. Evidentemente, houve aquelas que fizeram o papel de bela, recatada e do lar. Mas, ao longo dos 133 anos da República brasileira, tivemos exemplos de mulheres fortes e atuantes, algumas muito importantes na criação de políticas públicas voltadas ao desenvolvimento do país, como Darcy Vargas, Sarah Kubitschek e Ruth Cardoso; outras com forte influência sobre o marido-presidente, como Anita Peçanha, ainda na República Velha.

Desde o anúncio de que Lula estava apaixonado e iria se casar, feito em uma rede social pelo ex-ministro Luiz Carlos Bresser-Pereira, em 18 de maio de 2019, após visitá-lo na prisão, começamos a nos interessar por aquela que poderia tornar-se primeira-dama — embora, naquele momento, não se tivesse ideia de quando o petista deixaria a cela da Polícia Federal, em Curitiba, tampouco se voltaria a ser presidente. O surgimento de uma mulher com luz própria ao lado de um político que jamais deixou de liderar as pesquisas de intenção de voto para a Presidência criou um frenesi internacional. Jornais e revistas nacionais e estrangeiros escreveram sobre ela; alguns nos procuraram para que falássemos sobre a companheira do petista. Um deles, *Notícias*, uma revista semanal argentina, dedicou uma capa a Janja, chamando-a de "Evita de Lula".

Veio, então, a ideia deste perfil. Queríamos atualizar o nosso livro sobre as primeiras-damas, mas logo percebemos que a militante, figura onipresente ao lado de Lula, merecia mais do que um capítulo. Também nos empolgou a possibilidade de, a exemplo do que fizemos no livro *Todas as mulheres dos presidentes*, contextualizar historicamente os fatos da vida de Janja, correlacionando-os às conjunturas social e política. Elaboramos uma lista de possíveis entrevistados e, para a nossa surpresa, nos deparamos com uma barreira de silêncio. Mais de uma dezena de pessoas declinou dos pedidos de entrevista.

Por diversas vezes, procuramos a assessoria de imprensa da então futura primeira-dama. Numa troca de e-mails, em 8 de dezembro de 2022, a jornalista Neudicléia de Oliveira, que conheceu Janja ainda na Vigília Lula Livre, em Curitiba, disse não ver sentido no projeto. "Acredito que seja cedo para escrever a história da Janja como primeira-dama, porque ela ainda nem é, nem fez nada ainda", respondeu-nos, apesar de explicarmos que nosso intuito não era escrever uma biografia. O rígido controle de acesso à mulher de Lula e de todas as pessoas do seu entorno, que nos causou estranheza, parecia ser deliberado.

No Rock in Rio, em setembro de 2022, a petista foi abordada por uma equipe do jornal *O Globo* na área vip do palco Sunset, mas uma assessora se interpôs entre Janja e a repórter e disse que ela não daria entrevista: "Janja não dá declaração, independente do tema. Suas manifestações públicas são pelas redes sociais. E nos comícios". Janja é mesmo muito ativa nas redes sociais, nas quais se apresenta como "socióloga formada pela UFPR, MBA em Gestão Social e Sustentabilidade, petista de carteirinha desde 83 e casada com um certo pernambucano de Garanhuns". Seus posts nos ajudaram na apuração sobre hábitos e comportamentos.

Mas as redes não trazem informações essenciais à construção do seu perfil, como o fato de ela ter sido conselheira em duas empresas do sistema Eletrobras, ou a revelação de que já era bem próxima de Lula em 2011, quando foi aluna de um curso da Escola Superior de Guerra — o que chamou a atenção de colegas de turma. Ou ainda, ao cruzar uma informação de uma fonte com fotos e vídeos das redes da primeira-dama, a descoberta de que ela esteve com Lula em um quarto do Sindicato dos Metalúrgicos do ABC, em São Bernardo do Campo (SP), horas antes de ele se entregar à Polícia Federal.

Embora o foco do livro compreenda o período em que Janja se tornou militante do PT, aos 17 anos, até os dias atuais, há pouca informação sobre os primeiros anos de vida da personagem. Ela nasceu em União da Vitória, no Paraná, em 27 de agosto de 1966, e mudou-se com a família para Curitiba antes de completar 1 ano de idade. Há apenas uma foto em preto e branco no Twitter, na qual aparece de maria-chiquinha na garupa de uma bicicleta, com aparência de pré-adolescente. A imagem foi publicada no Dia das Crianças de 2020, ao lado de outra mais recente, com um único comentário: "Janja/Janjinha".

Rosângela dá entrevistas, mas pensadas e escolhidas a dedo. Até o lançamento deste livro, a primeira-dama havia falado com jornalistas em apenas quatro oportunidades, todas para veículos ligados ao grupo Globo: *Fantástico*, da TV Globo; *Jornal das dez*, da GloboNews; *Visita, presidente*, documentário produzido pelo mesmo canal; e revista *Vogue*, da Editora Globo. Embora não tenha dado entrevista, a primeira-dama participou do *Altas horas*, de Serginho Groisman, também da TV Globo, como ilustre convidada do programa dedicado ao cantor Milton Nascimento.

Apesar das dificuldades, a curiosidade sobre Janja nos fez ir em frente com o projeto. Afinal, o país vinha de um longo período de primeiras-damas inexpressivas. Marisa Letícia não quis assumir funções públicas, a "bela e recatada" Marcela Temer optou por ser do lar e Michelle Bolsonaro limitou-se à velha política assistencialista e a dar um destino às moedinhas jogadas no espelho d'água do Palácio da Alvorada. O jeito extrovertido da desconhecida Janja, que se sobressaiu a partir da pré-campanha eleitoral, no início de 2022, fugia ao padrão.

E Janja foi se impondo. Durante 405 dos 580 dias da prisão do petista em Curitiba, de 7 de abril de 2018 a 8 de novembro de 2019, apenas os mais próximos a ele e alguns militantes da Vigília Lula Livre sabiam do seu relacionamento com a socióloga. Quem conhecia o segredo, o respeitava — havia receio de que ela pudesse sofrer violência de bolsonaristas. Nos outros 175 dias do cárcere, após o romance vir à tona, o acesso a Janja passou a ser controlado pelo PT. Mas a namorada de Lula não pensava do mesmo jeito e não suportou a situação por muito tempo.

Em 2020, no auge da pandemia, Janja ainda manteve a discrição e apareceu timidamente em apenas duas lives com o petista, embora estivesse na organização de todos os eventos digitais do então namorado, ao lado de Ricardo Stuckert, fotógrafo de Lula. O momento de maior visibilidade ocorreu em 22 agosto de 2021, quando ela divulgou em suas redes sociais uma foto do casal no Ceará, com Lula em boa forma física, com as coxas musculosas à mostra. A imagem foi uma das mais comentadas do ano; segundo a consultoria Quaest, foi vista por aproximadamente 65 milhões de pessoas no Twitter, Instagram e Facebook. Angariou 4,6 milhões de menções espontâneas, 19 milhões de curtidas e 7 milhões de compartilhamentos. Naquele momento, porém, os atributos físicos de Lula chamaram mais atenção do que o namoro.

O amor do casal como estratégia política, em oposição ao ódio representado por Jair Bolsonaro, entrou de vez na campanha eleitoral do petista a partir do casamento, em 18 de maio de 2022, exatamente um ano depois da inconfidência planejada de Bresser-Pereira. "Ninguém mais feliz que eu e você. Hoje é dia de celebrar o nosso amor. Que o vento venha nos abençoar e carregar todo mal para longe de nós!", escreveu Janja em seu Twitter no dia do casamento.

Em sua página oficial, o PT reforçava o discurso. Dizia que manifestar o amor é "um ato de coragem", diante de um país "assolado pelo ódio, o desrespeito, a intriga". Encerrava a nota apostando que o Brasil voltaria a ser o "país do amor e da esperança". Desde que o relacionamento se tornou público, não houve um discurso em que Lula deixasse de se declarar à mulher, usando os conceitos do amor e da esperança para mostrar que não guardava rancor do tempo preso pela Operação Lava-Jato. Entre corações feitos com as mãos pelo casal, declarações e beijos em público, a estratégia mostrou-se acertada.

Os eleitores entenderam o recado e até inventaram um "Ministério do Amor", que teria, inclusive, programa para garantir um amor para cada brasileiro. A brincadeira foi feita depois da entrevista de Lula ao podcast *Podpah*, em 2 de dezembro de 2021. Na ocasião, o petista disse: "Um homem sem amor não é nada, no meu governo todo mundo vai namorar". No dia 15 de fevereiro de 2023, já presidente, ele respondeu no Twitter, em tom de brincadeira, aos internautas que cobravam a "promessa" do tal ministério, que a pasta seria criada depois do Carnaval. E Janja comentou: "Esse meu boy é tudooooo!!!".

O amor contribuiu ainda para rejuvenescer a imagem de Lula, de 77 anos, 21 a mais que a namorada. Em um país machista e conservador, uma relação assim evidencia uma suposta virilidade masculina. O próprio Lula cometeu o deslize logo que saiu da cadeia: "Eu tenho 74 anos do ponto de vista biológico, mas tenho 30 anos de energia e 20 anos de tesão, tá? Só para vocês ficarem com inveja desse jovem que está falando com vocês". A feminista Janja deu-lhe um pito, e o ex-presidente passou a prestar mais atenção para evitar comentários machistas. Ainda assim, voltou a usar a mesma imagem na entrevista coletiva concedida ao finalizar o trabalho do Grupo de Transição.

Janja foi fundamental na construção desse novo Lula. Articulada, ela atraiu a classe artística e angariou apoios importantes. Após o marido ser eleito, anunciou que gostaria de atuar em três áreas: combate ao racismo, à insegurança alimentar e à violência contra as mulheres. No governo, até a conclusão deste livro, ela ainda não havia definido como iria estruturar sua atuação em relação a esses temas. Nos meses iniciais, preferiu estar ao lado do marido, vivendo o dia a dia da política em Brasília e em viagens ao exterior.

Uma curiosidade é a decisão de Janja de tentar abolir, pelo menos dos comunicados oficiais, o termo "primeira-dama". Em entrevista à *Vogue*, na edição de janeiro de 2023, ela disse que detesta o título, a exemplo de uma de suas antecessoras, Ruth Cardoso. "Não precisam me chamar de primeira-dama, me chamem de Janja mesmo. Primeira-dama é o quê? Dama? É uma coisa tão patriarcal", disse à repórter Maria Laura Neves. A mulher de Lula tampouco quer ser chamada de "primeira-companheira", numa referência à palavra comumente usada pelo presidente e por integrantes de seu partido. "Já quebrei a cabeça tentando encontrar um substituto. Já me chamaram de primeira-companheira, que também não gosto. Companheira é uma coisa muito do PT. Sou Janja", disse.

Nos 28 releases oficiais que a citam, disponíveis no site da Secretaria de Comunicação do Palácio do Planalto, relativos aos dois primeiros meses do atual governo, o termo "primeira-dama" aparece uma única vez. A mulher de Lula é referenciada como "senhora", "esposa do presidente" ou, como ela mesmo pediu, apenas Janja, sem qualquer qualificação. Outro fato curioso é que a citação à primeira-dama aparece, quase sempre, à frente dos nomes dos ministros. O único nome que precede o de Janja na hierarquia é o do marido, o presidente Lula. Mesmo no release da posse da ministra da Cultura, Margareth Menezes, o nome da artista é citado após o de Janja. Pode parecer algo menor, mas o leitor perceberá que a mulher de Lula é extremamente ligada a detalhes e rituais.

Ciça Guedes e **Murilo Fiuza de Melo**
Abril de 2023

1
O **ENCONTRO**

A luz da sala de 25 metros quadrados na Superintendência Regional da Polícia Federal, em Curitiba, convertida em cela para Lula, piscou três vezes exatamente às 21h daquele 12 de junho de 2018, uma terça-feira, Dia dos Namorados. Janja estava na janela da casa da amiga Neudicléia de Oliveira, de onde viu o ponto de luz apagar e acender. Neudi, como é conhecida, havia alugado um apartamento no último andar de um prédio relativamente próximo à PF, de onde era possível enxergar a janelinha da sala-prisão do ex-presidente. Por ser do tipo basculante, Lula não tinha como ver quase nada do que ocorria do lado de fora. Vislumbrava apenas a copa de uma das três imensas araucárias bem em frente à sede da Polícia Federal. Aos pés das árvores, consideradas símbolos do Paraná, estavam manifestantes em vigília que todos os dias, em coro, davam "bom dia", "boa tarde" e "boa noite" ao ex-presidente. Janja e Neudi se juntaram a outra amiga,

Luciana Worms, e, com taças de vinho, brindaram ao amor do casal. A namorada chorava copiosamente.

"Eles haviam combinado aquilo. Estávamos comendo uma pizza e, pouco antes das nove horas, ela pediu que fôssemos à janela para ver a luz piscar. Saímos, e ela ficou ali sozinha, em sintonia com ele. Chorava muito. Janja é chorona. Da sala, eu chorava junto também", conta, em entrevista aos autores deste livro, a advogada Luciana Worms, professora da Escola de Servidores da Justiça Estadual do Paraná e coautora do livro *Brasil século XX — Ao pé da letra da canção popular*, premiado com o Jabuti de 2003 na categoria Livro Didático.

Pouco depois, a campainha do apartamento tocou. Um entregador trazia um buquê de rosas vermelhas e um presente para Janja, comprados pelos advogados de Lula a seu pedido. A imagem das flores foi parar no Instagram da namorada. Na foto, a socióloga aparecia abraçada ao buquê. Sorrindo e com olhos ainda inchados, escreveu: "E o beijo chegou em forma de rosas!! Te amo pra sempre!!", seguido de #oamorvencerá e #oamornosaproxima. O sinal com a luz, criado pelo casal, se repetiu outras vezes, incluindo ocasiões especiais, como o Natal de 2018 e o Réveillon de 2019.

Oficialmente, a história de Janja e Lula começa um ano e 20 dias depois da morte de Marisa Letícia, vítima de um AVC, com quem o petista viveu por 43 anos e teve três filhos: Fábio Luís, Sandro Luís e Luís Cláudio — Lula tem ainda Lurian, do relacionamento com a enfermeira Miriam Cordeiro, e Marisa era mãe de Marcos Cláudio, de seu primeiro casamento. Em 23 de dezembro de 2017, o Movimento dos Trabalhadores Rurais Sem Terra (MST) juntou cerca de 1.500 convidados para a inauguração do campo de futebol Dr. Sócrates Brasileiro, na Escola Nacional Florestan Fernandes (ENFF), espaço de formação política do movimento, em Guararema, cidade da região metropolitana de São Paulo. Lula era um dos ilustres convidados para a festa, ao lado de Chico Buarque e de juristas, artistas, políticos, líderes sindicais e apoiadores do MST.

Na programação de quatro jogos, um deles levantou a arquibancada: o Politheama, time de Chico, versus os Veteranos do MST. O juiz era o jornalista Juca Kfouri. Lula vestiu a camisa branca da equipe do músico e foi autor de um dos gols, de pênalti, marcado após sofrer uma falta na área cometida por João Pedro Stédile, líder do MST. O ex-presidente chutou a bola nas mãos da goleira. Kfouri mandou repetir a cobrança, e então Lula marcou o gol, com uma leve ajuda da arqueira sem-terra. Com um cartão amarelo já recebido, o petista, animado, tirou a camisa e a jogou para a torcida. Tomou o segundo cartão amarelo e, em seguida, o vermelho. Foi expulso. Ao deixar o campo, a plateia gritava: "Volta Lula! Volta Lula!". O jogo terminou em empate de 5 a 5.

Entre os torcedores, estava Janja, que mais tarde confessaria ter ido lá tietar Chico Buarque, com quem tirou uma foto e postou no Instagram, com o comentário: "Essa é para matar de inveja!!!". Outro post trazia um clique de Lula no meio de campo com a bola nos pés e, atrás dele, Chico. Ao fundo, torcedores seguravam uma faixa em que se lia "Fora Temer". "Dupla de ataque do Politheama!!!", escreveu Janja, seguido de um coraçãozinho vermelho.

Logo depois do apito final da quarta e última partida, um grupo seleto foi convidado para almoçar no refeitório. Foi ali que Lula paquerou Janja. "(...) Eu conheci, quer dizer, já conhecia o meu marido de outros momentos. Óbvio que eu não sei se ele lembrava muito de mim. Mas, enfim, a gente se sentou pra almoçar, todo mundo almoçou, os convidados e tal. Depois, ele pediu o meu telefone para alguém. (...) A gente foi se aproximando", disse a socióloga no programa *Fantástico*, exibido em 13 de novembro de 2022, duas semanas após a eleição do marido para o seu terceiro mandato como presidente da República.

As mensagens e ligações trocadas aconteceram pelo celular de Ricardo Stuckert, fotógrafo de Lula, uma vez que o ex-presidente não tem celular. "Nos encontramos algumas vezes, claro que com dificuldade, porque não poderia ser em espaço público. Começamos a conversar, viajamos juntos. Quatro meses depois, ele foi preso", disse Janja na entrevista à revista *Vogue*. A amiga Luciana Worms conta que, alguns meses após o evento do MST, num jantar em Curitiba na casa do advogado Luiz Carlos Rocha (um dos defensores de Lula), com a presença do ex-presidente, de Chico Buarque e sua mulher, Carol Proner, Janja, em tom de brincadeira, rememorou aquela tarde em Guararema: "'Chico, eu fui para ver você e veja no que deu. A culpa é toda sua', disse, abraçando Lula". Em breve, Janja passaria a se referir a Chico e Carol em suas redes sociais como "dindos".

O romance engatou, mas a discrição era seguida à risca. Nas redes sociais, Janja postava apenas fotos da cadela Paris — a também vira-lata Resistência, que subiu a rampa do Planalto no dia da posse, seria adotada depois —, comendo saladas *fitness*, exercitando-se na academia ou abraçada a amigos e à mãe, Vani Terezinha

Ferreira, com quem passou o Réveillon daquele ano. Lula voltaria a ilustrar o Instagram da agora namorada no dia 24 de janeiro de 2018: uma foto do ex-presidente de punhos cerrados, num palanque, diante de uma multidão, trazia as hashtags "justiça para todos e para Lula" e "Lula 2018", em apoio à sua candidatura a presidente, que acabaria tendo o registro rejeitado pelo Tribunal Superior Eleitoral (TSE), após a sua condenação em segunda instância no caso do triplex do Guarujá (SP).

A primeira viagem romântica do casal ocorreu no Carnaval de 2018. Entre os dias 10 e 14 de fevereiro, eles foram para Maresias, no litoral norte paulista, e se hospedaram na casa da advogada Gabriela Araujo e de Emidio de Souza, deputado estadual pelo PT em São Paulo e amigo de Lula desde o movimento sindical nos anos 1970. Dois meses depois, convocado pelo ex-presidente, Emidio se juntaria ao deputado federal Wadih Damous (PT-RJ) e ao ex-deputado Luiz Carlos Sigmaringa Seixas (PT-DF), já falecido, para uma difícil tarefa: negociar com a Polícia Federal os termos da prisão do petista, abrigado no Sindicato dos Metalúrgicos do ABC, em São Bernardo do Campo (SP).

Naqueles dias de folia, Janja publicou cinco posts no Instagram, dois da piscina da casa, com azulejos em tons de azul e um chafariz, e, ao fundo, uma mata deslumbrante. Em uma das publicações, registrou: "Carnaval sossego!!! Tava precisando!!!". No perfil que escreveu em outubro de 2022 para a revista *Piauí*, um dos mais completos sobre a mulher do petista, a jornalista Thais Bilenky disse que o casal passou o período "incógnito". A própria Janja preferiu fazer o serviço doméstico, dispensando os funcionários. "Ela tem

TOC de limpeza. Acordei um dia, ela estava com a vassoura lavando o quintal", disse à revista Gabriela Araujo, a dona da casa. Era o auge da Operação Lava-Jato, continuou a advogada, e Lula havia se tornado radioativo: "Todo mundo que era superamigo sumiu". Pouco mais de um ano depois, em 7 de março de 2019, com o petista já cumprindo pena em Curitiba, Janja voltaria a publicar uma foto daquela piscina: "#tbt de um Carnaval que jamais esquecerei! Embalado pelo samba-enredo do amor!!!". O nome do namorado ainda era mantido em sigilo.

Antes de se aproximar da mulher que se tornaria a primeira-dama do Brasil, o ex-presidente percorreu, entre agosto e o início de dezembro de 2017, 91 cidades do Nordeste e do Sudeste do país, no que o PT chamou de Caravana Lula Pelo Brasil. O projeto havia sido inspirado nas Caravanas da Cidadania, que entre 1993 e 1996 percorreram 359 cidades de 26 estados brasileiros, somando mais de 40 mil quilômetros na estrada. A ideia foi do jornalista Ricardo Kotscho, então assessor de imprensa de Lula. Na primeira das 12 edições das Caravanas, iniciada em 23 de abril de 1993, o grupo refez o caminho que Eurídice Ferreira de Melo, a dona Lindu, mãe de Lula, cumpriu com seis dos oito filhos num caminhão pau de arara, sem bancos, em 1952. Eles saíram de Caetés, na época distrito de Garanhuns (PE), e, 13 dias depois, chegaram em Vicente de Carvalho, no Guarujá. Marisa Letícia esteve ao lado do marido em todas as edições das Caravanas, cuidando da agenda e da segurança do petista, conforme revelou o jornalista Camilo Vannuchi na biografia sobre ela: "Marisa (...) mantinha organizadas as fichas elaboradas pela equipe de assessores com informações sobre cada cidade e região, certificando-se de que o marido estivesse sempre por dentro do que havia de mais relevante antes de desembarcar em cada local. Ela também ajudava a zelar pela segurança do candidato. Aos poucos, Lula e a mulher aprendiam a recusar alimentos sem parecer antipáticos, estritamente por motivo de segurança, e a se prevenir de cólera, dengue e malária".

Foi em uma das edições das Caravanas da Cidadania, no Sul do país, entre 18 de fevereiro e 3 de março de 1994, que a então jovem professora Rosângela da Silva conheceu pessoalmente Lula. Ela era ligada ao diretório do PT de Ponta Grossa, cidade em que morava com o primeiro marido. Anos mais tarde, Janja e Lula iriam se encontrar em eventos da Usina Hidrelétrica de Itaipu, onde Janja trabalhou por 16 anos, de 2003 a 2019.

A relação dos dois, porém, sempre foi muito discreta. Em 24 de maio de 2019, a revista *Veja* publicou a matéria "A primeira-dama da Lava-Jato", na qual trazia uma das raras fotos dos dois juntos antes de 2019. Na imagem, de outubro de 2009, Lula, então no segundo mandato como presidente, aparece ao lado de Janja, que entrega a ele uma bandeja de fibra de bananeira, produzida por uma cooperativa de Foz do Iguaçu e dada ao petista como presente pelos 64 anos completados naquele mês. Segundo o colunista Guilherme Amado, então na revista *Época*, a socióloga foi a Brasília para gravar um depoimento do presidente para o seminário "Mulheres nos espaços de decisão e poder", que aconteceu durante a 18ª assembleia do Comitê de Gênero do Ministério de Minas e Energia, realizada em Itaipu nos dias 29 e 30 de outubro de 2009.

Em Itaipu, Janja ficaria conhecida como "apadrinhada" do então presidente, segundo reportagem da *Folha de S.Paulo* de 13 de novembro de 2019, o que teria possibilitado sua cessão à Eletrobras em 2016. Na matéria, há também uma foto de Rosângela de biquíni numa praia caribenha. "De sua passagem por Itaipu, ficou a memória de umas férias no Caribe, quando a socióloga postou no jornal eletrônico interno fotos de biquíni. As imagens publicadas na seção 'Turbinadas', em referência às turbinas da hidrelétrica, renderam elogios pela boa forma de Janja. E também críticas pela exposição desnecessária, segundo um ex-funcionário graduado de Itaipu", escreveu a repórter Eliane Trindade.

★

Depois do Carnaval em Maresias, o ex-presidente retomou a Caravana Lula pelo Brasil, agora pelos três estados do Sul. Desta vez, Janja o acompanhou como namorada, embora ninguém soubesse disso. A pedido do ex-presidente, a equipe estava proibida de fazer menção ao assunto. A viagem começou no dia 19 de março de 2018, em Bagé (RS), e durou dez dias. Diferentemente da Caravana da Cidadania, nos anos 1990, e mesmo nas primeiras etapas da Lula pelo Brasil em 2017, a recepção ao petista no Sul foi hostil. "As pessoas esperavam nos trevos, justamente quando os ônibus naturalmente têm que reduzir a velocidade, para jogar pedras. Tínhamos que nos abaixar para não sermos atingidos", relatou ao site *Brasil de Fato* o jornalista Murilo Matias, que acompanhava o grupo.

O momento mais tenso ocorreu na tarde de 27 de março, uma terça-feira, penúltimo dia da caravana, antes de o grupo seguir para o grande comício final na Praça Santos Andrade, em Curitiba. Na manhã daquele dia, Lula e outros líderes do PT e do MST participaram de um ato pela reforma agrária em Quedas do Iguaçu, na região centro-oeste do Paraná. Logo depois do almoço, pegaram a estrada para o último compromisso do dia em Laranjeiras do Sul, distante apenas 68 quilômetros. No caminho, sofreram um atentado: dois dos três ônibus da comitiva foram atingidos por tiros, mas ninguém ficou ferido. O veículo onde estavam Lula e Janja seguia à frente do comboio e saiu ileso. Os autores dos disparos nunca foram identificados.

Como ressaltou Thais Bilenky na revista *Piauí*, Janja era "uma presença discretíssima, que fugia dos holofotes" naquele giro do petista pelo Sul do país. Seu Instagram, porém, bombava, mas apenas os amigos podiam ver as publicações. Na época, sua conta era fechada. Ela só a abriu em agosto de 2022, já na campanha eleitoral. A namorada de Lula publicou sete posts da viagem, dos quais três da multidão que ouviu o discurso do petista na Praça Santos Andrade, em frente ao histórico prédio de traços neoclássicos da Universidade Federal do Paraná. Duas daquelas fotos eram de sua própria autoria e outra, de Stuckert. "Levanta a mão quem quer Lula Presidente!!!!! Uma multidão!!!! Tá lindoooo", escreveu em um deles. Nenhum dos posts de Janja fez qualquer menção ao atentado.

A reação no Sul do país era resultado da crescente rejeição ao ex-presidente desde que o então juiz federal Sergio Moro, da 13ª Vara Federal de Curitiba, condenara Lula em junho de 2017 a nove anos e seis meses de prisão, por corrupção passiva e lavagem de dinheiro na ação do triplex do Guarujá, a partir das investigações da Operação Lava-Jato. Em janeiro de 2018, o Tribunal Regional

Federal da 4ª Região (TRF4) aumentou a pena para 12 anos e um mês, posteriormente reduzida para oito anos e dez meses no Superior Tribunal de Justiça. Esgotados todos os recursos no TRF4, os advogados de Lula tentaram a última cartada: um pedido de salvo-conduto ao Supremo Tribunal Federal até o julgamento do mérito de um habeas corpus preventivo. Eles alegavam a necessidade de assegurar o princípio da inocência do acusado e esperar que o processo fosse julgado em todas as instâncias.

No dia 22 de março, o STF concedeu o salvo-conduto e marcou a votação em plenário do HC para 4 de abril. Por 6 votos a 5, com o voto de minerva da então presidente da corte, ministra Cármen Lúcia, o STF negou o habeas corpus, abrindo espaço para que Moro expedisse, em menos de 24 horas, o mandado de prisão contra Lula. A ordem foi emitida às 17h50 do dia 5 de abril. No documento, o juiz determinava que o ex-presidente tinha até as 17h do dia seguinte para se apresentar na sede da Polícia Federal em Curitiba e vetou o uso de algemas "em qualquer hipótese".

O petista recebeu a notícia no Instituto Lula, no bairro do Ipiranga, Zona Sul de São Paulo. Dali, rumou para o Sindicato dos Metalúrgicos do ABC, transformado em bunker da resistência. Do lado de fora do prédio de quatro andares, uma multidão de apoiadores logo se aglomerou, disposta a impedir sua saída do local. "Não se entrega! Não se entrega! Não se entrega!", gritavam os militantes nos momentos em que Lula aparecia na janela. Começava ali a via-crúcis de uma negociação para que se entregasse, que durou até o início da noite de sábado, 7 de abril.

Na entrevista a Maju Coutinho e Poliana Abritta no *Fantástico*,

Janja revelou que estava voltando do escritório de Itaipu para casa, na capital paranaense, quando recebeu a notícia da prisão. Ali mesmo, desabou. "Estava no meu carro, dirigindo. Lembro que parei no estacionamento de uma farmácia e chorava muito, porque não acreditava. Liguei pra ele. Ele disse para eu ficar tranquila. Ele estava indo pro Sindicato dos Metalúrgicos e eu tive que chamar um amigo, porque não conseguia mais dirigir. Foi muito difícil", contou.

No Instagram, ainda naquele 5 de abril, ela republicou um texto da escritora mineira Júlia Rocha: "Meus melhores amigos estão calados, pensativos, tristes, desesperançosos, desanimados, amedrontados. Todos os outros não são meus amigos. Meu lado tem negros, pobres, mulheres, gays, mendigos, loucos. Aqui do meu lado tá todo mundo triste. E eu prefiro estar assim. Triste, do lado de cá". Mas quem conhece Janja sabe que ela não ficaria em Curitiba vendo o namorado pela TV.

O escritor Fernando Morais relata, no primeiro volume da biografia que lançou sobre Lula, que Moisés Selerges, presidente do Sindicato dos Metalúrgicos do ABC, ficou encarregado de improvisar um quarto para o petista. "Numa sala de difícil acesso, no subsolo do prédio, a última de um labirinto de corredores cinzentos, espremidos entre paredes divisórias de Eucatex, Selerges instalou um estrado de um colchão de casal, um travesseiro, lençóis listrados e um edredom de algodão estampado com flores verdes e azuis", detalha Morais. O que ninguém poderia contar é que, naquela cama de casal, havia um lugar reservado para Janja. A namorada esteve no prédio do Sindicato dos Metalúrgicos, como revela uma fonte próxima da primeira-dama sob pedido de anonimato: "Eles ainda viviam a fase de início de namoro, não se desgrudavam. Ela estava em São Bernardo do Campo. Tinha uma sala em que ninguém poderia entrar e não sabíamos o porquê. Era porque eles estavam se despedindo. Ela estava acabada".

No Instagram da então namorada de Lula, há mais pistas que reforçam essa informação. No sábado, 7 de abril, momentos antes de Lula ser conduzido à prisão em Curitiba, Janja publicou um vídeo e três fotos. No curto filme, as imagens parecem ter sido captadas de celular a partir do prédio do sindicato. Vê-se abaixo uma multidão entoando o grito "Lula, guerreiro do povo brasileiro!". Já as fotos mostram o petista nos braços de seus apoiadores — uma delas é uma reprodução publicada no site oficial do marido. Em todas as publicações, exceto a do vídeo, Janja registrou a localização: "Sindicato dos Metalúrgicos do ABC".

Moisés Selerges disse, por meio de sua assessoria, que só falaria para este livro com autorização de Neudi. A hoje chefe do gabinete da primeira-dama já havia negado intenção de conversar com os autores. Políticos que acompanharam Lula naqueles dias de abril de 2018 também se esquivaram. O deputado federal Lindberg Farias (PT-RJ) disse não se lembrar de ter visto Janja ali. Em 10 de novembro de 2019, Lula voltaria à sede do Sindicato dos Metalúrgicos do ABC, mas desta vez com a namorada, já anunciada publicamente. No palanque montado em frente ao prédio, Janja ficou atrás de outros políticos. Em certo momento, Lula anunciou seu nome, olhou para trás e não a viu. "Está escondida", brincou. A mulher ainda tímida — bem diferente da militante atuante da campanha presidencial de 2022 — foi para a frente, colocou-se ao lado dele e acenou para a multidão. "Beija, beija, beija", pediu o público. Lula sorriu: "Depois, depois...".

O evento no sindicato ocorreu dois dias após o ex-presidente ser solto, em 8 de novembro de 2019. Eram 17h43 quando Lula deixou a Superintendência Regional da Polícia Federal, ao lado de seus advogados e da presidente do PT, Gleisi Hoffmann. Lurian, filha do petista, foi a primeira a abraçá-lo, pouco antes de passar pelo portão de ferro azul do prédio. Em seguida, foi a vez de uma mulher, de camisa branca, jaqueta jeans, óculos de aros grossos e cabelos castanhos ondulados. Era Janja. Depois chegou o neto Thiago. Uma multidão de simpatizantes, políticos e jornalistas cercou Lula. A namorada se distanciava do ex-presidente, mas logo voltava a ficar ao seu lado. No trajeto, os dois seguraram um pano branco grande, com uma imagem do petista na qual se lia "Lula é inocente".

Acompanhado do neto, da filha e de Janja, o ex-presidente seguiu para um palco improvisado na Vigília Lula Livre, onde fez o seu primeiro discurso em liberdade. Ali, ele apresentaria sua namorada publicamente: "Porque vocês sabem que eu consegui a proeza de, preso, arrumar uma namorada, ficar apaixonado e ela ainda aceitar casar comigo. É muita coragem". Janja sorriu largamente. O público pediu um beijo e, ao contrário do que ocorreria no sindicato dali a dois dias, Lula assentiu e deu um selinho na namorada. Meses depois, iria se saber que a declaração de Lula era uma hipérbole. O romance começou, oficialmente, na festa do MST, em Guararema, em 2017.

A libertação do ex-presidente fora autorizada pelo juiz Danilo Pereira Júnior, da 12ª Vara Federal de Curitiba, a partir da decisão do STF de proibir a prisão após a condenação em segunda instância.

Os ventos a favor de Lula, porém, já sopravam desde junho de 2019, com a publicação de uma série de reportagens do site *The Intercept Brasil*, que trazia áudios e textos de conversas entre procuradores da Lava-Jato e Sergio Moro. O material revelava a obsessão do juiz em condenar Lula e sua disposição de ajudar o Ministério Público a atingir o intento. A série ficou conhecida como Vaza-Jato, um trocadilho com o nome da operação. Em um post no Instagram, de 10 de junho, dia seguinte à veiculação da primeira matéria da Vaza-Jato, Janja agradeceu a Glenn Greenwald, editor do site: "Glenn, eu te dedico!! Obrigada pela coragem!! #lulainocente #lulalivre".

Em março de 2021, o ministro Edson Fachin, do STF, numa decisão surpreendente, anulou as condenações contra Lula levadas a cabo pela 13ª Vara Federal de Curitiba, por considerá-la incompetente para julgá-las. As investigações foram transferidas para a Justiça Federal do Distrito Federal. Com a decisão, Lula teve seus direitos políticos restabelecidos, o que lhe permitiu candidatar-se a um cargo eletivo novamente. Um dia depois, Gilmar Mendes declarou Moro suspeito, anulou suas decisões no caso e as supostas provas até então colhidas. Em abril, o STF confirmou em plenário, por 8 a 3, a legalidade da decisão de Fachin. O caso do triplex acabou sendo arquivado em janeiro de 2022.

2
DO **ANONIMATO** AO CENTRO DO **PALCO**

Janja foi figura constante na Vigília Lula Livre, formada por militantes acampados em frente à sede da Polícia Federal de Curitiba durante o período da prisão de Lula. "Todos os dias eu ia pra lá e chegava pouco antes das oito horas para dar o 'bom dia'. Daí, eu ia para o escritório trabalhar e voltava no fim do dia pra dar o 'boa noite'", contou a primeira-dama em entrevista ao documentário *Visita, presidente*, da GloboNews, dirigido por Julia Duailibi e Maira Donnici. No início, ela chegou a ser barrada pela própria Neudi, então integrante da coordenação nacional do Movimento dos Atingidos por Barragens (MAB), um dos organizadores da Vigília.

As duas logo se tornaram íntimas — Janja se refere a Neudi como "irmã de coração". Rapidamente, ela se enturmou com outras pessoas do círculo de amizade do ex-presidente: o fotógrafo Ricardo Stuckert; Marco Aurélio Santana Ribeiro, o Marcola, assessor particular de Lula; Nicole Briones, que tomava conta das redes sociais; e a própria Neudi. Era a "panelinha", como Janja apelidou o grupo. Nas redes, fez algumas postagens declarando-se aos novos amigos. "Difícil descrever em palavras o amor e a gratidão que eu tenho por essas pessoas! Já são 15 meses de companheirismo, solidariedade e, acima de tudo, muito amor! Foram muitas lágrimas, sorrisos, abraços, esperança e aflição que temos passado juntos! Eu não estaria em pé se não fosse por vocês!! (…) Estamos juntos e estamos fortes", escreveu em sua página no Instagram em 27 de julho de 2019.

Havia ainda agregados, entre eles Luciana Worms, a cantora Rogéria Holtz e o advogado Manoel Caetano, que, junto com Luiz Carlos Rocha, o Rochinha, visitava diariamente o ex-presidente na cadeia. Rogéria conheceu Janja em um cursinho pré-vestibular ainda nos anos 1980, em Curitiba, mas nunca foram próximas. Cada uma seguiu sua vida e se reencontraram por meio de Luciana, numa passeata contra o então candidato Jair Bolsonaro, em outubro de 2018. "Um dia ela me ligou, dizendo que queria me chamar para cantar na Vigília e eu disse que topava", lembra a cantora. Janja foi à casa de Rogéria, acompanhada de Luciana e Lurian, a filha de Lula, e do violonista Eduardo Ramos, para ensaiar as músicas "Coração civil", de Milton Nascimento, e "Apesar de você", de Chico Buarque.

A apresentação ocorreu no domingo, 7 de abril de 2019, quando se completou um ano da prisão de Lula, e teve participação também de outra cantora curitibana, Suêzi Nogueira. "Quem diria que minha estreia nos palcos ia ser ao lado delas e por Lula Livre!! Mulheres maravilhosas!", escreveu Janja no Instagram, num post ilustrado por uma foto sua com Rogéria e Luciana. A amizade com Rogéria se fortaleceu a ponto de, nos anos seguintes, ela ser chamada para cantar no casamento de Janja e no Festival do Futuro, evento musical apelidado de Lulapalooza, organizado pela primeira-dama para celebrar a posse de Lula. "Ela sempre foi muito generosa comigo e, apesar de eu ser apenas uma cantora de Curitiba, me trata como se fosse uma Maria Rita, um Gilberto Gil", diz.

O lado cuidador de Janja é outra das características mais lembradas pelos amigos. Luciana Worms destaca a capacidade da primeira-dama de se desdobrar para não deixar desassistidas as pessoas que ama. Professora da Escola de Servidores da Justiça Estadual do Paraná, integrante do Prerrogativas, grupo que reúne advogados progressistas, Luciana conheceu Janja de forma inusitada. Moradora do Batel, bairro nobre de Curitiba, onde se concentram os shoppings luxuosos e os melhores restaurantes, ela é reconhecida na vizinhança como petista. "Tenho uma bandeira do MST numa janela e aquela toalha do Lula em outra", diz Luciana, que, não raro, é "xingada" de comunista na rua.

A aproximação com a socióloga se deu por conta das afinidades ideológicas. Certa vez, Janja foi a uma massagista no bairro e falou de sua ligação com o PT. "Ah, eu tenho uma cliente que é petista também!", reagiu a massagista, que acabou apresentando as duas. A amizade se estreitou no período em que Lula ficou preso. "Achava que o dia da Janja tinha 48 horas, não era possível. Ela trabalhava, lavava e passava todas as roupas do Lula, inclusive as de cama. Fazia comida para ele, escrevia as cartas, fazia questão de estar em casa na hora de dar os remédios para a mãe, saía conosco. E ainda ia pra academia", conta a amiga. Lula retribuía as gentilezas de Janja com buquês de flores e presentes, entregues a ela por assessores ou advogados, como no Dia dos Namorados de 2018.

★

As cartas às quais se refere Luciana foram trocadas pelo casal nos 580 dias da prisão. Todos os dias. "Era legal. Eu recebia a dela de tarde, às quatro e meia, cinco horas. Ela recebia a minha às onze da manhã. Isso manteve a gente conversando o tempo inteiro", revelou Lula em entrevista ao youtuber Gustavo Conde, em 9 de agosto de 2020. Rochinha ficava com o presidente na parte da manhã e se incumbia de levar a carta para Janja, que, ao recebê-la, já saía lendo, fosse no meio da rua ou num banco de praça em frente ao escritório de Itaipu. Ela escrevia a resposta e entregava a Manoel Caetano, que visitava Lula na parte da tarde. Ao lado do namorado na entrevista a Gustavo Conde, Janja contou que às vezes um dos advogados esquecia de pegar a carta e dava a desculpa de que ele não havia escrito nada. "Como não tem carta? Tem carta, sim! Pode voltar e procurar que essa carta está lá em algum lugar", reagia a namorada.

No cárcere, Lula não tinha acesso a computador ou celular. O ex-presidente passou, então, a escrever cartas como forma de se comunicar com o exterior. Mais tarde, ele recebeu uma TV com entrada para pen drive. Foi por essa mídia que o ex-presidente, em certo momento, pôde ouvir depoimentos gravados de amigos e até de reuniões políticas do PT. Pelo pen drive, também recebia músicas, segundo contou o advogado Manoel Caetano no documentário *580* dias — *A prisão e a volta triunfal de Lula*, produzido pela TV 247, no YouTube. O gosto era eclético, ia do samba ao canto gregoriano.

O local onde ele cumpriu a pena era uma sala com banheiro, armário de roupas, uma mesa para quatro lugares e uma cama, até então usada por agentes da Polícia Federal em passagem por Curitiba. Não tinha grade, a porta ficava aberta e vigiada por dois policiais 24 horas.

Na prisão, Lula recebeu 25 mil cartas de fãs, amigos, políticos, além, claro, de Janja. Em 2022, 46 delas foram reunidas pela historiadora Maud Chirio e publicadas no livro *Querido Lula: cartas a um presidente na prisão*. Não incluiu, porém, correspondências da primeira-dama, guardadas "secretamente", segundo ela. "Tem cartas muito felizes e outras muito tristes, porque realmente houve momentos muito difíceis nesses 580 dias. Eu tenho certeza de que o dia mais difícil pra ele foi o da morte do neto", disse Janja ao *Fantástico*. Arthur Lula da Silva, de 7 anos, morreu em 1º de março de 2019, de infecção generalizada. Diferentemente do que havia acontecido em janeiro daquele ano, quando a Justiça proibiu que saísse da cadeia para ir ao enterro do irmão mais velho, Genival Inácio da Silva, o Vavá, Lula teve, desta vez, autorização para acompanhar o velório e a cremação do neto, em São Bernardo.

As cartas também exprimiam, segundo Janja, uma esperança no futuro e traziam relatos de seu cotidiano. "Elas nos mantiveram conectados, nos fortaleceram e nos ajudaram a suportar a distância, a saudade", escreveu a socióloga em sua conta no Twitter em 1º de junho de 2022, um dia após o lançamento do livro de Maud Chirio no Teatro Tuca, em São Paulo, onde Janja leu duas cartas de sua autoria para a plateia. No palco, estavam Lula e a ex-presidente Dilma Rousseff. A primeira foi escrita no domingo 22 de abril de 2018, quando havia a expectativa de o petista sair logo da prisão:

> *Boa noite, amor. Na sexta-feira, cheguei do acampamento [da Vigília Lula Livre] exaurida emocionalmente. Recebi a maior declaração de amor que você poderia me fazer. A sua carta me comoveu e só me deu mais força para resistir junto com você. Resistiremos e venceremos mais essa. Vamos estar juntos. Eu vou estar do seu lado e, seja qual for a vida que você decidir ter, eu vou estar vivendo com você. Construiremos nossa história. Domingo é o pior dia. Fico rolando aqui, lembrando dos nossos domingos preguiçosos: futebol, cerveja, namorar. Saudades demais. Você ocupou todos os espaços da minha vida e me preencheu de felicidade. Amor, tenho fé que logo vamos estar juntos. Que vou estar em seus braços e seguiremos com a nossa vida. Essa tempestade logo vai passar. Fique forte. Te amo.*

A segunda foi escrita no centésimo dia de prisão, em 15 de julho de 2018, também um domingo:

> *Cem dias longe de você. Cem dias sem teus beijos. Cem dias sem teus abraços. Cem dias sem o som da tua risada. Cem dias sem o calor do teu corpo. Cem dias sem o teu prazer. Cem dias sem o nosso futebol. Cem dias sem a nossa cervejinha. Cem dias sem o seu bom dia, sem o seu boa noite. Cem*

dias sem ouvir "eu te amo" com a sua voz. Cem dias de muita saudade. Cem dias de muita tristeza. Cem dias de muita força. Cem dias de muita resistência. Cem dias que o nosso amor só se fortaleceu. Cem dias de fé no nosso futuro. Cem dias que só nos uniu mais. Cem dias que os nossos corações batem em um só ritmo. Cem dias para te amar cada vez mais. Cem beijos, com todo o meu amor.

O ex-deputado Luiz Eduardo Greenhalgh, advogado e amigo desde os tempos do sindicato, carinhosamente chamado de Tio Mococa pelos filhos de Lula, é testemunha dessa conexão. Greenhalgh visitava Lula na prisão todas as segundas-feiras. "Ele me mostrou as cartas. Ninguém sabe. Mas eu sei que as cartas fizeram bem a ele. (...) Janja esteve muito presente nesses 580 dias. Demonstrou muita solidariedade, muito carinho. Eu às vezes brinco em casa: 'Ó, se um dia eu for preso, quero cartas todos os dias'", disse ao repórter Joaquim de Carvalho, do canal TV 247, autor do documentário *580 dias — A prisão e a volta triunfal de Lula*. Nele, Greenhalgh revela que Janja também gravou vídeos em situações do dia a dia, indo para o trabalho, ou em casa, e os enviava ao namorado por pen drive. No documentário da GloboNews, ela confirmou a história: "Eram vídeos que mostravam o meu cotidiano, do que estava acontecendo no dia".

★

Dos tempos em que Janja ainda passava incógnita pela militância, Luciana Worms lembra de histórias que a marcaram. A amiga não gostava da presença de seguranças do ex-presidente em seu encalço. Gato escaldado, depois do atentado no Sul durante as caravanas e com o crescente radicalismo na política, o líder petista andava preocupado com a integridade da namorada e implorava ao advogado Manoel Caetano que não a deixasse circular sem proteção. "Uma vez a gente foi para São Paulo. Estávamos no banco de trás, com um segurança no carona e o motorista, que também era da equipe de segurança do Lula. E aí ela falou: 'Vocês não estão pensando que vão ficar me seguindo, né?'. Mesmo depois do anúncio do namoro, Janja queria continuar saindo sozinha e, na hora de ir embora, pegar um Uber. Ela sempre foi muito livre, espontânea", conta Luciana.

Mas Lula tinha razão. Certa vez, Janja, Manoel Caetano e outros da "panelinha" tinham saído da Vigília à noite e foram para um bar, como faziam quase sempre. Conversa vai, conversa vem, o grupo foi surpreendido por um homem armado. "Foram atacar o Manoel Caetano, porque ele é um advogado muito conhecido em Curitiba. Um bêbado armado partiu para cima dele. O Manoel escondeu a Janja com o corpo e o bêbado não percebeu que ela estava ali", diz Luciana. A situação foi controlada, mas depois disso Janja aceitou a escolta.

A "panelinha" e outros agregados batiam ponto no restaurante Nina com Arte, no Centro de Curitiba, reduto da esquerda. Ali, uma das atrações era o cantor e violonista gaúcho Guego Favetti, que animava as saudações do "boa noite" na Vigília. Ele fazia paródias para incluir Lula e a situação que vivia naquele momento. "Ele cantava: 'Eu quero botar o Lula na rua', e todo mundo cantava junto", lembra Luciana, fazendo referência à música "Eu quero botar meu bloco na rua", sucesso de Sérgio Sampaio nos anos 1970. "Depois que descobriram quem era a Janja, muita gente ia até ela abraçá-la como se fosse o Lula. E ela tratava todos muito bem".

Pelas mesas do Nina passaram o filósofo norte-americano Noam Chomsky, o escritor paulista Raduan Nassar e o arquiteto argentino e prêmio Nobel da Paz Adolfo Pérez Esquivel, entre outros, depois de visitarem Lula na cadeia. O líder petista recebeu na cela mais de uma centena de pessoas: amigos, religiosos, políticos e personalidades nacionais e internacionais. O ator norte-americano Danny Glover e ex-chefes de estado, entre eles o primeiro-ministro italiano Massimo D'Alema e os presidentes José Mujica (Uruguai), Ernesto Samper (Colômbia) e Eduardo Duhalde (Argentina), foram à carceragem da Polícia Federal. Em Curitiba, Lula contabilizou mais visitantes do exterior do que Bolsonaro no Palácio do Planalto no mesmo período.

Luciana lembra de outro episódio com Janja no Nina. Num fim de semana, elas saboreavam uma feijoada com amigos quando militantes do PT chegaram lá, com um boneco de dez metros de altura do Lula com a faixa presidencial, exibido país afora em manifestações petistas. "Saímos para ver, a Janja queria tirar foto. Do outro lado da rua, tinha um bar de ostras. Imagina o público desse bar... De repente, eles começaram a xingar, e a Janja não aguentou e revidou. Eu também revidei. A Neudi ficou apavorada. No fim, a gente segurou a Janja para protegê-la. A Neudi era outro segurança dela", conta.

★

Em sua primeira entrevista à imprensa no cárcere, no dia 26 de abril de 2019, aos jornalistas Mônica Bergamo, da *Folha de S.Paulo*, e Florestan Fernandes Júnior, do *El País*, Lula cometeu um deslize: quase revelou que já estava namorando antes de ser preso. "Você pensa que eu não gostaria de estar em casa? Adoraria estar em casa com a minha mulher, com os meus filhos, os meus netos, os meus companheiros", disse.

Marisa havia falecido há mais de dois anos. Os jornalistas não perceberam o ato falho. Mas um grupo de WhatsApp de amigos de Luciana Worms bombou de perguntas sobre a tal mulher. "Eu percebi que era um fora porque, no meu grupo da faculdade, as pessoas comentaram: 'Poxa, o Lula falou da mulher dele, mas a mulher dele morreu'. Me deu uma supervontade de falar *(risos)*. Daí, quando o Bresser revelou a história, todo mundo veio me perguntar e eu confirmei", conta a professora.

Nessa mesma entrevista, Lula deu pistas de que, apesar da perseguição que, segundo ele, fora a responsável também pelo AVC de Marisa, seu coração guardava "muito lugar para o amor". Em outro trecho, ao comentar o suicídio de Alan García, ex-presidente do Peru, que atirou contra a própria cabeça para não ser preso por suspeita de corrupção, o petista disse que tinha "muita motivação" para estar vivo: "Foi a forma que eu encontrei de ajudar esse país a se reencontrar com a democracia, com o amor, com a paz".

O economista Luiz Carlos Bresser-Pereira, ex-ministro de Fernando Henrique Cardoso, foi o responsável por revelar o namoro de Lula. A convite do petista, de quem é amigo, Bresser o visitou no dia 16 de maio de 2019 acompanhado de Celso Amorim, ex-chanceler de Lula. Dois dias depois, em sua conta no Facebook, o economista publicou um texto de quatro parágrafos, intitulado "Visita a Lula na prisão". Logo no primeiro, escreveu que o encontrou "em ótima forma física e psíquica" e que sua maior preocupação era ter "reconhecida sua inocência". E terminava: "Está apaixonado e seu primeiro projeto ao sair da prisão é se casar".

O jornalista Guilherme Amado, então na *Época*, foi quem deu o furo: "A coluna apurou que a namorada é de São Paulo e é um amor que Lula tem desde antes de ser preso. Ela se chama Rosângela da Silva. A namorada visita Lula com frequência na cela da PF e tem em torno de 40 anos, portanto, é algumas décadas mais jovem do que o ex-presidente". Soube-se depois que Janja, na realidade, nasceu em União da Vitória, no Paraná, e tinha na época 52 anos, 21 a menos que o namorado.

Perguntado por WhatsApp, em 27 de dezembro de 2022, o advogado Manoel Caetano se recusou a revelar para este livro a data da primeira visita de Janja ao namorado na cadeia. Um pedido foi feito à Superintendência Regional da Polícia Federal em Curitiba, com base na Lei de Acesso à Informação, mas nos foi negado sob a alegação de configurar "afronta à Lei Geral de Proteção de Dados Pessoais, além de, dada a sensibilidade dos dados, poder ter reflexos indesejados aos envolvidos".

A partir do cruzamento de informações de reportagens publicadas na época da revelação do romance com postagens da própria Janja, é possível supor que a socióloga tenha demorado mais de um ano para obter autorização judicial e, assim, visitar Lula na PF. O primeiro tête-à-tête teria ocorrido em 18 de abril de 2019. Os encontros aconteciam às quintas-feiras, no horário destinado à família, e duravam em média uma hora. Os filhos e netos ficavam com o petista das 9h às 12h e das 13h30 às 16h. Parte desse horário foi cedido à namorada, assim como a encontros com personalidades. O casal não tinha direito a visita íntima.

Pouco depois da revelação de Bresser-Pereira, a imprensa noticiou que Lula e Janja ficaram noivos. Em nota publicada em 21 de maio de 2019, a colunista Bela Megale, de *O Globo*, revelou que o ex-presidente só aceitou o noivado depois de um ultimato: "Em uma das visitas, Rosângela foi direta: 'Isso (o relacionamento) é sério?'. Lula respondeu que sim, no que ela retrucou: 'Então usa isso', disse Janja". A partir daí, o ex-presidente passou a exibir a aliança no anelar da mão direita.

A primeira foto de Janja entrando na PF para ver Lula havia sido publicada pela revista *Veja* dias antes. Em 9 de maio de 2019, às 15h20, o repórter Thiago Bronzatto escreveu: "Uma mulher vestindo saia longa com jaqueta de couro e carregando uma sacola cheia de presentes chegou à sede da Superintendência da Polícia Federal do Paraná. Era dia de visita aos presos da Operação Lava-Jato. Discreta, ela passou pela guarita, atravessou a recepção e dirigiu-se à área de emissão de passaportes, permanecendo estrategicamente distante de olhares curiosos. Vinte minutos depois, outras três pessoas se juntaram a ela. O grupo conversou por alguns minutos. A mulher então se afastou e foi até o balcão de atendimento. Lá, identificou-se como Rosângela da Silva e informou que iria visitar o ex-presidente Luiz Inácio Lula da Silva".

Segundo o jornalista de *Veja*, na saída Janja reencontrou o grupo que a esperava na recepção e já mostrou sua habilidade para pinçar das declarações de Lula aquilo que poderia ser usado em redes sociais. Naquele momento, havia um questionamento sobre as publicações do ex-presidente nessas redes, uma vez que não tinha acesso à internet. A socióloga, então, reproduziu a frase do petista: "Diga que, do mesmo jeito que o Bolsonaro, eu tenho um filho que eu não controlo. Se o Bolsonaro solto não controla o dele, imagina eu, preso". No dia seguinte, o texto estava no Twitter de Lula. Publicado não pelo filho do petista, mas por Nicole Briones, coordenadora de suas redes sociais. Janja republicou o texto em seu Instagram e comentou: "Rei do deboche!!!!!", seguido da hashtag "amo muito" e um coraçãozinho.

O astral de Janja mudava na véspera das visitas ao namorado. Se estivesse no restaurante Nina com Arte ou em qualquer outro bar com os amigos, saía antes para preparar o que levaria a Lula. Explicava que precisava acordar cedo. Nas redes, publicava sempre uma declaração, expondo sua alegria por estar mais uma quinta-feira com o ex-presidente. "Melhor dia da semana, dia de estar dentro do seu abraço!!! Na fé que logo todos os dias serão assim!!!", postou em 19 de setembro de 2019. Invariavelmente, as publicações vinham com a hashtag "o amor vencerá", entre outras, acompanhadas do indefectível coraçãozinho vermelho.

Na véspera da libertação de Lula, dia 7 de novembro, ela postou no Twitter: "Amanhã eu vou te buscar! Me espera!!". No dia seguinte, o verbo da hashtag, que virou sua marca, foi conjugado no passado: "O Nosso Amor Venceu!!! Coração transborda de felicidade!! SEXTOUUUUUUUUUUUU". Ali, já parecia germinar na cabeça do casal a construção da estratégia do amor versus o ódio, que Lula e Janja usariam na campanha eleitoral de 2022. A frase

"O amor venceu" iria parar no bordado entregue aos cerca de 200 convidados presentes ao casamento dos dois.

★

Atenta a tudo que tem a ver com o feminino, Janja sempre foi ligada na lua, cujas fases são associadas ao ciclo menstrual de 28 dias, aproximadamente. Segundo estudiosos, a lua minguante representa a pré-menstruação; a nova, a menstruação; a crescente, a pré-ovulação; e a cheia, a ovulação. Na astrologia, a lua cheia é símbolo da prosperidade e da fertilidade, período em que há uma maior capacidade de entrega àquilo que se ama. "Nas culturas lunares, como a da Mesopotâmia, a consagração de um rei, de um líder, ocorria na lua cheia, porque é um símbolo de prosperidade", explica a astróloga carioca Katia Vivas.

Ao longo do tempo, Janja povoou suas redes sociais com fotos da lua cheia, feitas por ela ou por Ricardo Stuckert. Publicou mais de uma dezena. Foi assim na primeira viagem romântica do casal a Maresias, onde postou a lua em todo o seu esplendor e escreveu: "E a lua por cúmplice!!! #muitoamorenvolvido". Curiosamente, o ano em que Janja nasceu, 1966, teve 13 luas cheias, duas das quais no mês do seu aniversário, agosto. No dia 27, quando veio ao mundo, o satélite estava saindo da fase crescente para a cheia.

O fato é que Janja passou a contar os dias de prisão do namorado a partir do ciclo da lua cheia. Na noite de 18 de abril de 2019, em que ela o teria encontrado pela primeira vez no cárcere da Polícia Federal, coincidentemente, Curitiba foi iluminada por uma imensa lua cheia num céu sem nuvens. Sob uma foto de Stuckert, ela comentou: "Lua Cheia, a 12ª que sua ausência dói no meu coração e a saudade aperta no meu peito! Mas tenho fé que essa lua cheia possa trazer boas notícias e você de volta pra mim! Te amo pra sempre!! #oamorvencerá #oamornosaproxima". Segundo a astróloga Katia Vivas, ao mesmo tempo em que representa prosperidade, a lua cheia também é um momento de revelação. "Tudo o que se quer dar publicidade, repercussão, você faz na lua cheia. Se a pessoa marca o relacionamento a partir da lua cheia, ela quer, de alguma maneira, tornar aquilo público. Na lua cheia, nada fica sem ser visto, mas ela significa também a consagração. Nessa fase, sol e lua têm a mesma potência, são equivalentes, masculino e feminino se igualam", explica.

Durante os 580 dias da prisão de Lula, ou seja, um ano e sete meses, foram 18 luas cheias, religiosamente contadas pela namorada. Em 13 de outubro de 2019, a última antes de ser solto, ela publicou: "18ª Lua Cheia sem Meu Bem! Sigo na Fé que a Justiça e a Liberdade irão nos alcançar!". À revista *Vogue*, Janja disse que a lua sempre os uniu. "Toda vez que tem lua cheia, a gente fica ligado", disse. O petista deixou a cadeia em 8 de novembro de 2019, numa noite de lua crescente. Propositalmente, a data do casamento, 18 de maio de 2022, foi escolhida por ser noite de lua cheia. O satélite também estava estampado no vestido da noiva, que tinha por tema "Luar do sertão", homenagem ao interior do Nordeste, onde o marido nasceu. Foi uma noite fria, de 10 graus em São Paulo, mas a lua cheia deu as caras.

★

Embora sempre tenha sido mais próxima da mãe, Vani Terezinha, que do pai, José Clóvis da Silva, foi com ele que aprendeu a gostar de futebol e, principalmente, de música. "Adoro Carnaval, adoro música. Se tem uma coisa que meu pai me influenciou bastante foi na questão da música", disse ao *Fantástico*. Desde criança, não saíam de sua vitrola os discos do grupo A Cor do Som, formado pelo baixista Dadi Carvalho, seu irmão, o tecladista Mu Carvalho, o guitarrista e bandolinista Armandinho Macedo, originário do Trio Elétrico de Dodô e Osmar, e o baterista Gustavo Schroeter (ex-A Bolha). Mais tarde, o percussionista Ary Dias se juntaria ao grupo. Dadi e Armandinho tocaram na banda de apoio de Moraes Moreira depois que ele deixou os Novos Baianos. Os dois chamaram os demais músicos e criaram A Cor do Som, que lançou seu primeiro álbum em 1977. A banda desfilou sucessos a partir de então, chegando ao auge entre o fim da década de 1970 e a primeira metade dos anos 1980. Em 2021, ganhou o Grammy Latino de melhor rock ou música alternativa em língua portuguesa por *Álbum rosa*. A banda está em atividade até hoje.

"Sou muito fã da Cor do Som desde os meus 12 anos de idade e fico emocionada todas as vezes que ouço 'Frutificar'. É linda demais. Versão nova para novos e difíceis tempos! Parabéns, meninos, arrasaram como sempre", escreveu Janja em seu Twitter no dia 23 de julho de 2020, após assistir a um show do grupo. "Frutificar", do terceiro álbum da banda, de 1979, é uma música instrumental de mais de cinco minutos de duração, que começa com o teclado harmonioso de Mu e cresce até chegar ao solo de guitarra baiana de Armandinho. Janja era tão fã que virou *groupie*. Desde a adolescência, viajou tantas vezes para ver shows do grupo que se tornou amiga dos seus integrantes.

Luciana Worms, que assistiu a alguns shows com Janja, lembra de um episódio envolvendo Gustavo, o baterista da Cor do Som, que se declarou eleitor de Bolsonaro. Depois de assistirem a uma apresentação da banda, elas foram com os integrantes do grupo a um bar. "A certa altura, quando a Janja foi ao banheiro, o sujeito começou a falar do Bolsonaro e disse que Lula tinha que ficar preso para sempre. Quando ela voltou, ele parou de falar". A advogada puxou-a para um canto e narrou o que ouvira: "Eu não podia deixar a Janja fazer papel de boba, afinal, o cara é bolsonarista. Fomos embora".

Depois deste episódio, as duas foram a mais um show da Cor do Som, em outubro de 2019. A socióloga Margarida Quadros, amiga de Janja desde os anos 1980, se juntou a elas. Viajaram para São Paulo, onde se encontraram com o youtuber Gustavo Conde e mais uma amiga, para assistir à apresentação que marcou os 40 anos de carreira da banda, no Teatro Paulo Autran, no Sesc de Pinheiros. "Era um show com a participação de Moraes Moreira, pouco antes de ele morrer. Foi triste porque o baterista não olhou na cara dela. Falamos com o Dadi, com o Armandinho. Ele não veio falar com a gente", lembra Luciana.

Algumas semanas depois, Lula seria solto. E a vida de Janja sofreria uma reviravolta, embalada por outros hits.

3
OS ANOS DE FORMAÇÃO

Em 1983, quando Janja se filiou ao PT, o governo do último general-presidente, João Baptista Figueiredo, entrava em seu quinto e penúltimo ano imerso em crises, na economia e na política. Os 22 governadores eleitos diretamente pela primeira vez desde 1964 tomaram posse em fevereiro e, em agosto, foi criada a Central Única dos Trabalhadores (CUT), gerada pelas greves lideradas por Lula que agitaram a região do ABC paulista entre 1978 e 1980. Em janeiro de 1984 seria fundado o MST.

Janja, cujo corte de cabelo curtinho a fazia aparentar menos que seus 17 anos, se preparava para o vestibular no Positivo, famoso cursinho de Curitiba na época. Foi onde conheceu Rogéria Holtz, a artista curitibana que iria cantar em seu casamento quatro décadas depois. "Ela era discreta, não chamava a atenção na sala, mas já entrou se engajando na política", lembra Rogéria, que se sentava logo à frente de Janja. Elas se reencontraram em outubro de 2018, na segunda passeata em Curitiba do movimento #elenão, contra o então candidato Jair Bolsonaro.

Curioso é que Rogéria era, naquele momento, a pessoa famosa. Tornou-se uma cantora e locutora conhecida na capital paranaense. E Janja, que acompanhava a carreira dela, ficou chateada porque, ao ser apresentada à artista por Luciana Worms, não foi reconhecida de imediato.

A situação logo se inverteria. Janja ganhou os holofotes e levou a amiga de juventude para palcos muito maiores que os de Curitiba. Além do casamento, Rogéria cantou na "superlive" do dia 26 de setembro, último evento público da campanha de Lula, no Anhembi, em São Paulo, e no Lulapalooza, na festa da posse do petista. E, claro, já havia feito a alegria dos militantes na Vigília Lula Livre, no pequeno palco montado no local.

Aprovada para o curso de Ciências Sociais da Universidade Federal do Paraná (UFPR), Rosângela da Silva logo adotou o apelido que ganhou na família para se distinguir de homônimas na faculdade. O nome, contração de Rosa e Ângela, foi muito popular no Brasil nas décadas de 1960 a 1980. De acordo com o IBGE, pulou de 25 mil registros em 1950 para 89 mil na década seguinte, e atingiu o ápice com 108 mil certidões em 1970. Em 1980, houve 62 mil registros do nome Rosângela e, a partir daí, começou a sair de moda. A tendência se verificou no Paraná, onde nasceram nesse período duas garotinhas batizadas com o mesmo nome, que se tornariam inimigas políticas: Janja, em 1966, e, em 1974, Rosangela Maria Wolff de Quadros, que acrescentaria Moro ao sobrenome, ao se casar com o ex-juiz da Operação Lava-Jato.

Já nos primeiros dias do curso de Ciências Sociais, Janja conheceu Margarida Quadros, amiga até hoje. Segundo a jornalista Etel Frota, no perfil que publicou no jornal *Plural*, do Paraná, em 30 de setembro de 2022, as duas jovens universitárias foram aprovadas em um concurso para a área de saúde e ação social da Prefeitura de Curitiba.

Na Federal do Paraná, Janja entrou na agitação tão comum à vida universitária da época, que refletia a efervescência dos movimentos sociais contra a ditadura: participava mais dos comícios, das atividades de política estudantil e das festas do que propriamente das aulas. Segundo a repórter Thais Bilenky, da *Piauí*, "das 12 disciplinas do primeiro ano de curso, passou apenas em duas: Introdução à Economia e Sociologia Geral. No segundo e terceiro anos de faculdade, repetiu o padrão". No Linkedin, Janja diz que se formou em 1992. No ano seguinte, concluiu também na Federal do Paraná um curso de especialização em História e Cidade.

Foi em meio ao agito político que Janja conheceu Marco Aurélio Monteiro Pereira, com quem se relacionou, sem se casar formalmente, por mais de uma década. Ele ingressou na UFPR um ano antes dela. Fazia graduação em História. Marco Aurélio, que completou 67 anos em 2022, conta que eles se encontraram numa célula da Organização Socialista Internacionalista, a OSI, partido político clandestino de orientação trotskista que tinha como face pública no movimento estudantil a tendência Liberdade e Luta, conhecida como Libelu. Janja ficou menos tempo que ele na agremiação. Em 1985, a OSI se extinguiu, tornando-se uma corrente dentro do PT, agrupada em torno do jornal *O Trabalho*.

Marco Aurélio concluiu a graduação em 1986 e, no ano seguinte, ingressou no mestrado na UFPR. Em 1988, quando estava escrevendo sua dissertação — *Casar em Curitiba: nupcialidade e normatização populacional (1890-1921)* —, passou em um concurso da Universidade Federal do Mato Grosso do Sul (UFMS) e foi dar aulas em Corumbá. O relacionamento com Janja se manteve, embora tenham se encontrado muito pouco nesse período.

Ele voltou ao Paraná em 1989, aprovado em um concurso da Universidade Estadual de Ponta Grossa (UEPG). Algum tempo depois, a namorada foi viver com ele, um enorme passo para a menina nascida em 27 de agosto de 1966 na pequena União da Vitória, cidade do sudoeste do Paraná, na divisa com Santa Catarina, cuja população atual é estimada pelo IBGE em 58 mil pessoas. A família mudou-se para Curitiba quando a filha tinha apenas 10 meses, segundo o jornal *Plural*. Sobre a infância de Janja, pouco se sabe. Em suas redes sociais, não há referência sobre esse período de sua vida.

Marco Aurélio e Janja se juntaram, sem casamento de papel passado. E, para piorar as coisas com o pai e o irmão de Janja — mais conservadores que a mãe —, o historiador era 11 anos mais velho. "O pai da Janja trabalhava como representante comercial e a mãe era do lar. Tive pouco contato com a família. Para eles, a Janja destoava, era militante de esquerda numa família conservadora, reacionária. O irmão sempre teve muita dificuldade de aceitar isso. O fato de eu ser mais velho não ajudou muito na relação com eles, mas com a mãe o convívio era melhor", lembra Marco Aurélio em entrevista a este livro.

O historiador, assim como outras pessoas próximas a Janja, não se recorda do nome do irmão e diz não saber exatamente como era a relação dos dois. Janja simplesmente não fala dele. No cartório de União da Vitória, ela aparece como filha única de José Clóvis da Silva e Vani Terezinha. A pedido dos autores deste livro, o cartório fez uma pesquisa a partir do nome do casal, e nenhuma filiação foi encontrada, além de Rosângela, no Sistema Nacional de Registros de Pessoas Naturais.

Sem se incomodar com as convenções sociais, Janja se demitiu da Prefeitura de Curitiba e foi-se embora viver com Marco Aurélio em Ponta Grossa, terceira maior cidade do interior do estado, atrás apenas de Londrina e Maringá.

Amigo de Marco Aurélio e professor do Departamento de História da UEPG, Edson Silva lembra o momento singular que as universidades viviam na época. Além da movimentação política, havia uma revisão de métodos e questões teóricas. A Universidade de Ponta Grossa surgiu na década de 1970, mais voltada para a formação de professores. Não se propunha a ser um centro de pesquisas e, sim, a atender às necessidades da cidade e da região de profissionais de educação. "Quando nós chegamos à UEPG, o perfil já era de valorização da pesquisa, na direção da configuração nacional que o MEC acabou exigindo: ou as instituições qualificavam seus professores, com mestrado e doutorado, ou corriam o risco de perder o estatuto de universidade", conta Edson, que conheceu Marco Aurélio no mestrado na UFPR.

Os dois amigos voltaram para Ponta Grossa com sede de mudança. Montaram um grupo acadêmico e político, todos mais ou menos ligados à trajetória do PT, com um projeto de universidade que valorizava a pesquisa e a renovação dos métodos e das teorias. "A gente se organizou na ONG Cidade Viva, que pensava em intervenções culturais e políticas para a universidade e o município", lembra Edson. Uma dessas iniciativas resistiu ao tempo: a preservação do prédio da estação ferroviária da cidade, a Estação Saudade. Após um movimento capitaneado pela Cidade Viva, o prédio foi tombado por sua importância cultural e hoje abriga uma unidade do Sesc, com atividades culturais e serviços.

Janja chegou à UEPG no meio da ebulição e se entrosou com o grupo. Logo abriu uma vaga de professora-colaboradora e ela conseguiu emprego. A casa em que morava com Marco Aurélio, ampla e de esquina, virou point da esquerda pontagrossense, tudo embalado pelo ritmo da MPB. "A Janja daquela época era o que ela parece ser hoje: alegre, muito inteligente, muito ligada em coisas de cultura e de arte", diz o ex-companheiro. O amigo Edson Silva acrescenta a palavra coragem aos elogios. "Posso falar que ela era uma professora antenada com as perspectivas teóricas vigentes à época, querida e respeitada pelos alunos e, apesar de ser uma professora-colaboradora, um limitante na ação política na universidade em razão do contrato precário, nunca deixou de ser participante", lembra. "Corajosa" também é um atributo presente nas falas das amigas Luciana Worms e Rogéria Holtz.

Em entrevista à revista *Vogue*, em janeiro de 2023, Janja afirmou que sua bravura vem dos ensinamentos da mãe. "O principal valor que ela me ensinou foi coragem", disse à repórter Maria Laura Neves. "Ela veio de uma família dissolvida por uma tragédia. Minha avó morreu muito cedo e deixou cinco filhas que foram para adoção. Minha mãe foi entregue a uma família não para ser cuidada, mas para trabalhar como doméstica. Desde muito pequena, ela cuidava de uma casa. Sabia ler, mas escrevia mal. Eu me dediquei a dar uma vida confortável para ela. Quando consegui comprar uma casa, comprei para ela".

Além da militância na universidade, onde se engajou em greves e ajudou a organizar o sindicato dos professores, Janja participou da consolidação do PT em Ponta Grossa, após a fase inicial do partido, de coleta do número de filiações exigidas pela lei eleitoral à época. Foi, inclusive, secretária da sigla. Na eleição de 2000, os petistas emplacaram seu primeiro prefeito da cidade, Péricles de Mello, engenheiro e professor da UEPG, que havia sido vereador na cidade por dois mandatos, em 1988 e 1992.

Ali pelo fim dos anos 1990, a história de amor com Marco Aurélio começou a ser minada pelo desejo de Janja de morar num centro mais cosmopolita. No início, o casal gostava de percorrer trilhas de bicicleta, pegar o carro e ir à praia. Mas, com o tempo, a cidade de cerca de 350 mil habitantes e mentalidade conservadora começou a sufocar Janja. Era hora de ir embora, mais uma vez.

Na volta a Curitiba, Janja foi morar com a mãe, que se separara do pai. Luciana Worms conta que Dona Terê, como a mãe da socióloga era conhecida, padeceu com o fim do casamento: "O pai arrumou outra família, a mãe sofreu muito quando descobriu". Não se sabe se foi nesse momento que Janja conheceu o irmão, e se ele é fruto desse outro relacionamento do pai. Numa das coincidências que acabam entrelaçando destinos, quatro décadas antes, a mãe de

Lula havia passado pelo mesmo sofrimento. Dona Lindu descobriu que o marido, Aristides Inácio da Silva, tinha migrado para Santos, litoral de São Paulo, com uma prima dela, a Mocinha, de apenas 17 anos e já grávida. A mãe de Lula teve 12 filhos, dos quais oito sobreviveram, e cuidou sozinha da prole depois da separação.

Apesar do relacionamento mais difícil com o pai, Janja não o abandonou. Durante a prisão de Lula em Curitiba, João Clóvis, então com 79 anos, teve um infarto e a filha, que já cuidava da mãe, diagnosticada com Alzheimer em 2016, cuidou dele também. Em 2023, João Clóvis vivia numa casa de repouso na capital paranaense. "Janja se dá bem com o pai. Ela tem aquele respeito por ele ser seu pai, mas se dava melhor com a mãe", conta Luciana. A mãe morreu em 2020, em 28 de agosto, dia em que completou 80 anos, vítima da Covid-19. Ela contraiu a doença ao ser internada para tratar de uma infecção urinária. Na época, morava em São Bernardo do Campo, com Janja e Lula.

Marco Aurélio admira a preocupação da ex-companheira em cuidar das pessoas, inclusive dele. "Eu achava que era pela diferença de idade entre nós, mas depois entendi que é o jeito dela", diz o professor, hoje aposentado. "Janja foi um sopro de vida para mim. Por tudo que o Lula passou, acho que também está sendo um sopro de vida para ele".

★

Na entrevista ao *Fantástico*, Rosângela da Silva disse que sua vida profissional se sobrepôs à militância: "Eu trabalhei alguns anos como assessora parlamentar e, em um momento da minha vida, optei por ir para o setor privado. Fui trabalhar como socióloga em um empreendimento de construção de uma hidrelétrica em Santa Catarina. A partir dali, comecei a trabalhar com programas de responsabilidade social e sustentabilidade. Foi o que me moveu daí pra frente".

Para quem observa de fora a história de Janja até aqui, carreira e militância política se misturaram ao longo de sua vida. A atividade no PT de Ponta Grossa, paralelamente ao trabalho como professora-colaboradora na UEPG, a catapultou ao posto de assessora parlamentar na liderança do PT na Assembleia Legislativa do Paraná (Alep). No fim da década de 1990, quando ela chegou à Alep, Péricles de Mello estava em seu segundo mandato como deputado estadual, que deixaria para concorrer — e vencer — ao cargo de prefeito de Ponta Grossa. No ambiente da alta política do estado, Janja iria conhecer duas figuras fundamentais em sua trajetória: Gleisi Hoffmann e Jorge Samek, que seriam responsáveis por sua ida para a Itaipu Binacional.

O coordenador do MST no Paraná, Roberto Baggio, lembra-se de ter conhecido Janja nessa época. "A primeira vez que me encontrei com Janja foi nos anos 1990, na Alep, quando ela trabalhava lá. Era a juventude petista. Era o início do MST no Paraná, e a gente ia à Alep buscar suporte político. Conversamos e depois eu soube que ela foi para Itaipu. Mas não tive contato nesse tempo. Na Vigília, eu soube que ela era a namorada do Lula. Aí recuperei da minha memória", conta o dirigente, que a define como "um ser da política".

Baggio destaca que Janja se temperou na militância: "Ela tem uma longa trajetória de convívio partidário, compreende o que é ser membro de um partido que tem um ideal. Respira política e também se tornou uma gestora, tem noção da governança do aparato do Estado. Ter se envolvido com Itaipu foi extraordinário. Itaipu, na sua construção, retirou milhares e milhares de agricultores de suas terras, mas, por outro lado, desde a gestão Lula, Itaipu tomou direcionamento de cuidar do meio ambiente e se preocupar com as políticas públicas", resume. Para ele, a personalidade de Janja e sua trajetória na política e no trabalho se encaixam como uma luva na relação com Lula: "Ele também se alimenta de ideais e sonhos mais amplos. Existe uma química fina entre os dois".

Mas, antes de chegar a Itaipu, o emprego mais cobiçado do Paraná, Janja teve uma experiência no setor privado: trabalhou de janeiro de 2001 a janeiro de 2003 na Chroma Engenharia, tradicional empreiteira paranaense. A Chroma foi contratada para uma série de atribuições necessárias para que a Usina Hidrelétrica de Barra Grande, no leito do Rio Pelotas, entre os municípios de Anita Garibaldi (SC) e Pinhal da Serra (RS), vencesse todas as etapas de licenciamento e entrasse em operação. Em seu site, a empresa lista nove itens de atuação, entre os quais a área em que Janja atuaria: coordenação e monitoramento da execução dos programas socioambientais. A socióloga iria cuidar do reassentamento de 1.519 famílias que teriam as terras inundadas.

Quando Janja chegou à Chroma, em 2001, a UHE Barra Grande já havia obtido as licenças prévia e de instalação. Em 2004, um ano depois de a socióloga deixar a empresa, foram descobertas, a partir de uma ação civil pública, fraudes praticadas durante o processo de licenciamento e que tornaram o projeto de Barra Grande um dos maiores escândalos ambientais do país, com repercussão na mídia internacional. O que chocou ambientalistas foi o fato de o EIA-Rima — Estudo de Impacto Ambiental e Relatório de Impacto Ambiental — ter se baseado em laudos falsos. Eram fakes.

Em 1998, os laudos entregues ao Ibama omitiram a riqueza e a importância da floresta de araucárias no Vale do Rio Pelotas. "A formação de seu lago deverá inundar uma área de aproximadamente 8.140 hectares, 90% da qual recoberta por floresta primária e em diferentes estágios de regeneração e por campos naturais. Ali, entre a floresta a ser tragada pelas águas, está um dos mais bem preservados e biologicamente ricos fragmentos de Floresta Ombrófila Mista do Estado de Santa Catarina, em cujas populações de araucária foram identificados os mais altos índices de variabilidade genética já verificados em todo o ecossistema", relatou Miriam Prochnow, ambientalista e fundadora da Apremavi (Associação de Preservação do Meio Ambiente e da Vida), no livro *Barra Grande — A hidrelétrica que não viu a floresta*, publicado em 2005.

Segundo ela, foram omitidas também outras informações "absolutamente relevantes" para o meio ambiente, como a existência de uma Unidade de Conservação Municipal em Vacaria (RS), que, para ser destruída, necessitaria de uma ordem especial. O documento entregue ao Ibama ignorou ainda espécies vegetais que só nasciam em determinadas áreas do Rio Pelotas, entre elas uma bromélia rara, a *Dyckia distachya*, que florescia exclusivamente nas áreas de corredeiras do Vale do Rio Pelotas.

Marina Silva era, então, a ministra de Meio Ambiente. A Licença de Operação (LO) de Barra Grande, que começou a ser construída no governo de Fernando Henrique Cardoso, foi barrada pelo Ibama. A LO é a última fase do licenciamento. Dilma Rousseff era ministra de Minas e Energia e uma das mais atuantes autoridades do primeiro escalão na defesa da visão desenvolvimentista que o presidente Lula professava à época. A queda de braço sobre Barra Grande, vencida por Dilma, foi um de seus embates com Marina Silva, e contribuiu para a saída da ministra do Meio Ambiente do governo.

★

A gênese da política que permitiu a construção da UHE Barra Grande localiza-se no tempo da ditadura militar (1964-1985). O projeto para exploração do potencial energético da Bacia Hidrográfica do Rio Uruguai, do qual o Rio Pelotas é afluente, foi o primeiro desenhado pelos militares nos anos 1970. As questões socioambientais não eram consideradas. Buscava-se produzir energia para alimentar o "Brasil grande" e industrializar rapidamente o país, medida que os militares consideravam essencial para reduzir a pobreza e, assim, em sua visão, fechar a porta ao comunismo, ideologia à qual as camadas menos favorecidas seriam mais permeáveis.

Mas, à medida em que os projetos energéticos e outras megaobras de infraestrutura avançavam, também crescia a resistência a elas. Em 1987, houve a primeira reunião nacional dos atingidos por barragens. Quatro anos depois, em 1991, no 1º Congresso Nacional dos Atingidos por Barragens, nasceu o Movimento dos Atingidos por Barragens (MAB). Foi desse grupo que veio a assessora pessoal de Janja, Neudicléia de Oliveira, a Neudi. Os pais da hoje chefe de gabinete da primeira-dama engajaram-se no MAB, após ter sua casa inundada em decorrência de um vazamento na barragem da Usina Hidrelétrica de Machadinho, também no Rio Pelotas, na divisa entre Santa Catarina e Rio Grande do Sul. Neudi tinha 7 anos de idade. Aos 15, viu sua família ser novamente afetada por um vazamento de barragem, desta vez da Usina Hidrelétrica de Campos Novos, no Rio Canoas, em Santa Catarina. Formou-se em Jornalismo após ser indicada pelo MAB para uma turma especial da Universidade Federal do Ceará.

Duas décadas depois, Janja e Neudi tornaram-se tão íntimas que, segundo a jornalista Thais Bilenky, em perfil sobre Neudi publicado na revista *Piauí* em fevereiro de 2023, ganharam, no entorno de Lula, o apelido de "Xuxa e Marlene Mattos", em referência à ex-empresária da apresentadora. "Uma dá o show, a outra faz acontecer. A chefe de gabinete engole sapo, mas desfruta do poder e do prestígio de ser o braço direito e o esquerdo da primeira-dama", escreveu Bilenky.

A batalha contra Barra Grande foi perdida, até porque, quando o Ibama barrou a destruição da floresta de araucárias pela inundação do lago, a barragem de 190 metros de altura já estava construída. Era fato consumado. Para a ambientalista Miriam Prochnow, porém, duas importantes vitórias foram obtidas a partir desse caso: o Ibama indeferiu a licença prévia para a construção da Usina Hidrelétrica de Pai Querê, que ficaria no mesmo Rio Pelotas, acima de Barra Grande, e foi incluído um artigo na Lei de Crimes Ambientais, redigido pelo ministro do Superior Tribunal de Justiça, Herman

Benjamin, que responsabiliza criminalmente técnicos que assinem pareceres falsos em relatórios de impacto ambiental[1].

Os ambientalistas sugeriram ainda a criação do corredor ecológico Refúgio de Vida Silvestre do Rio Pelotas, de 262 mil hectares, onde seria construída Pai Querê. O processo de criação da Unidade de Conservação recebeu aval do Ministério do Meio Ambiente em 2008, mas não andou no governo de Dilma Rousseff. "Espero que o Refúgio esteja na lista das unidades de conservação que Lula prometeu criar daqui para a frente", diz Prochnow. Janja, que atuou no processo de Barra Grande do outro lado do balcão — como empregada da Chroma Engenharia, encarregada de legalizar a obra —, tem agora a oportunidade de lutar pela reparação dos danos ao Rio Pelotas.

---

[1] Lei 9.605/1998: Art. 69-A - Elaborar ou apresentar, no licenciamento, concessão florestal ou qualquer outro procedimento administrativo, estudo, laudo ou relatório ambiental total ou parcialmente falso ou enganoso, inclusive por omissão: Pena - reclusão de 3 (três) a 6 (seis) anos, e multa.

4
CHEGADA A **ITAIPU**

Enquanto Lula seguia preso em Curitiba, Janja cumpria sua jornada no escritório de Itaipu, na capital paranaense. Ela conquistou o emprego em 2003, no primeiro governo do PT. Lula escolheu para comandar a hidrelétrica binacional Jorge Miguel Samek, um paranaense de quem se tornara amigo. Filiado à sigla desde 1990, ele se elegeu deputado federal em 2002 e renunciou ao mandato para assumir o posto. Engenheiro agrônomo, nascido em Foz do Iguaçu e exímio articulador, Samek passou à história da empresa como o mais longevo diretor: ficou no cargo até março de 2017, mais de seis meses após o impeachment de Dilma Rousseff, em 31 de agosto de 2016. Sua posse, em 23 de janeiro de 2003, foi concorrida. Lula aproveitou para fazer a primeira visita ao Paraná como presidente, acompanhado de seus ministros José Dirceu, da Casa Civil, e Dilma, de Minas e Energia.

Samek levou Gleisi Hoffmann para a diretoria financeira. A atual presidente do PT, curitibana, filiada ao partido desde 1989, já havia sido secretária de Gestão Pública no governo petista de Londrina e tornou-se a primeira mulher a ocupar um cargo de direção na hidrelétrica. Ele levou também Janja, para que coordenasse programas socioambientais e o ajudasse a cumprir a promessa feita a Lula: tornar Itaipu uma ferramenta de transformação para a população pobre da região, como a socióloga lembrou ao *Fantástico*: "Eu já estava trabalhando no setor elétrico, e Itaipu estava dando uma virada de chave no que significava naquele território. No discurso do presidente Lula, quando ele assumiu, ele falou que Itaipu deveria olhar para o território onde ela estava, para as pessoas onde ela estava. O diretor-geral de Itaipu me chamou, porque a gente já tinha trabalhado junto, para trabalhar num programa de sustentabilidade com as comunidades indígenas da região", disse Janja.

De fato, em 2005, o Ministério das Relações Exteriores, por meio de um instrumento diplomático chamado "notas reversais", reviu o Tratado de Itaipu e ampliou a missão da empresa, permitindo gastos com projetos voltados ao desenvolvimento social, econômico e ambiental na área de influência da usina: o estado do Paraná, na margem esquerda, a brasileira, e praticamente todo o Paraguai, na margem direita.

Como disse um ex-membro do conselho de administração da empresa, Itaipu era e ainda é mais do que uma empresa de energia. É fomentadora de desenvolvimento regional, para o bem e para o mal. Por mal entenda-se uma quase inesgotável fonte de recursos para agradar políticos com benesses para suas bases eleitorais, sejam elas relacionadas ou não à área de influência da empresa, quase como o orçamento secreto, já que pouco se fala sobre a fortuna gerada pelas turbinas acionadas em 1982. Proibida de apresentar lucro, ou seja, de ter sobras de caixa, Itaipu teve faturamento de US$ 3,5 bilhões, mais de US$ 290 milhões ao mês em 2021, data do último balanço divulgado pela empresa até a publicação deste livro.

Um dos primeiros alvos de Samek e Gleisi para fazer parte da fortuna gerada por Itaipu jorrar para os mais necessitados foi a Vila C. Bairro dos mais populosos de Foz do Iguaçu, então com 17 mil pessoas, a Vila C surgiu da mesma forma que outras tantas áreas miseráveis em cidades que recebem megaprojetos de infraestrutura. Itaipu construiu moradias para os chamados barrageiros, operários que ergueram a barragem. Como a lógica faz supor, também havia a Vila B, que se destinava aos engenheiros e chefes, e a A, para trabalhadores de nível médio.

Quando as obras se encerraram, o bairro operário havia crescido de forma desordenada, sem infraestrutura adequada, coleta de esgoto e escolas decentes. A tarefa de Janja era implementar o programa Energia Solidária, que visava corrigir as distorções. O trabalho começou com um diagnóstico das necessidades e problemas, desenvolvido em conjunto com os moradores. No Relatório Anual de 2004, a empresa informou que, após essa etapa, "foi constituído o Conselho Comunitário da Vila C, que passou a atuar junto às organizações governamentais ou não".

Uma das primeiras iniciativas foi a concessão do benefício Bolsa Escola a 300 famílias, contemplando 600 crianças. O programa tinha sido criado no segundo governo de Fernando Henrique Cardoso, em 2001, como uma ajuda mensal às famílias de jovens e crianças de baixa renda condicionada à frequência à escola. Em seu primeiro governo, Lula incorporou ao benefício o Cartão Alimentação e o Auxílio-Gás, criando o Bolsa Família.

Em dezembro de 2006, a empresa preparou uma festa para apresentar o balanço das atividades desenvolvidas com as turmas dos cursos de balé, dança de rua, capoeira e música, que reuniam cerca de 350 pessoas. Aos idosos, o programa oferecia exercícios duas vezes por semana, com acompanhamento de professores de Educação Física. A divulgação do evento também mencionava cursos profissionalizantes para jovens e adultos — corte e costura, cabeleireiro e manicure —, que atraíam cerca de 60 pessoas por módulo.

Em um release divulgado à imprensa por Itaipu, em 15 de dezembro de 2006, Janja explicava as atividades relacionadas ao Energia Solidária. "Os cursos oferecidos podem trazer um retorno imediato aos participantes, porque os capacitam a trabalhar como autônomos. A geração de renda é um desafio para a comunidade e esta é uma oportunidade", disse.

O Energia Solidária era responsável também pela criação do projeto Agricultura Solidária, que viabilizou o plantio sob 35 hectares do linhão de transmissão, distribuiu sementes e deu apoio técnico a 35 famílias de agricultores. A expectativa era colher 40 toneladas de mandioca em julho de 2007. "Por meio do Energia Solidária, a Itaipu estimula a participação democrática da comunidade para melhorar a qualidade de vida dos moradores da Vila C. Nós incentivamos a auto-organização e ajudamos nas articulações necessárias", afirmou Janja. Na época, Itaipu investia

US$ 350 mil por ano no programa, beneficiando cerca de três mil pessoas.

Em 2010, último ano em que Janja trabalhou no escritório de Itaipu em Curitiba, antes de se transferir para um período de seis anos no Rio, foi inaugurado o Complexo Educacional Arnaldo Isidoro, com quadra coberta, salas de música e artes, biblioteca e telecentro, substituindo a velha escola de madeira da Vila C. O Relatório Anual de 2019 informou que o Energia Solidária foi ampliado para 12 bairros de Foz do Iguaçu, atendendo a mais de 30 mil pessoas.

"Quando se pensa em construir uma hidrelétrica, o que vem à mente é a água, as questões ambientais. Mas, já no fim dos anos 1980, a gente começou a se deparar com coisas que estavam dentro desse contexto e não eram percebidas com clareza: a relação com as pessoas. Aí entra a Rosângela. Ela é socióloga. Nós passamos a incluir as pessoas tanto operando quanto construindo hidrelétricas. Construir uma hidrelétrica como Itaipu impacta a vida das pessoas, o emprego, mexe com as relações sociais, mesmo que tenha sido construída há quase 50 anos. Foz do Iguaçu vive com a questão de Itaipu, que influencia a cidade desde o turismo até os trabalhadores", diz o engenheiro José Carlos Brito, que foi colega de Janja na Eletrobras, empresa que na época era a controladora de Itaipu.

Na gestão de Jair Bolsonaro, de acordo com os relatórios anuais da empresa, os investimentos sociais foram reduzidos em detrimento de "obras de infraestrutura estruturantes para construir o desenvolvimento econômico territorial". O governo voltou aos primórdios da hidrelétrica ao indicar militares de alta patente para o cargo de diretor-geral e outros 34 para diversas funções, implantando na empresa binacional a mesma estratégia que encheu o comando das estatais de militares.

Em reportagem publicada na edição de 1º de dezembro de 2020, da *Folha de S.Paulo*, a jornalista Catia Seabra informava que "Itaipu — cuja fonte de recursos é a conta de luz paga pelos consumidores brasileiros — tem previsão de liberar R$ 1,4 bilhão para sustentar 31 projetos". Segundo a repórter, em menos de um mês, Bolsonaro, em plena pandemia da Covid, foi duas vezes ao Paraná "tratar de obras de infraestrutura custeadas por Itaipu". Anunciado em 6 de novembro daquele ano, o pacote incluía, entre outras obras no estado, a construção de escolas militares e instalação de vitrais em uma catedral.

★

O tratado para a construção de Itaipu foi assinado em 26 de abril de 1973 pelos generais Emílio Garrastazu Médici e Alfredo Stroessner, presidentes do Brasil e do Paraguai, dois dos mais sanguinários ditadores dos regimes militares que dominaram os países do Cone Sul entre os anos 1960 e 1980, a era de ouro do poder verde-oliva. A "maior hidrelétrica do mundo" — que só seria superada pela gigantesca Três Gargantas, no Rio Yang-tsé, na China, inaugurada em 2003 — até o início de 2023 era apresentada no site da empresa com hipérboles que remetem ao militarismo. "A obra ganha contornos de uma operação bélica. Em 1980, o transporte de materiais para a Itaipu Binacional mobilizou 20.113 caminhões e 6.648 vagões ferroviários", descreve a linha do tempo.

O orgulho da engenharia nacional cumpriu seu papel, mas com impactos ambientais e sociais proporcionais ao gigantismo do empreendimento: 42 mil pessoas foram removidas, sem direito a contestação, inclusive o povo indígena Avá-Guarani, para qual a usina representou o fim do mundo tal como conheciam. Seus lugares históricos e sagrados ficaram submersos.

Paradoxalmente, o trecho do Rio Paraná escolhido para a instalação da barragem era conhecido como "a pedra que canta". Ou Itaipu, em tupi. O episódio dos Avá-Guarani revela outro ponto crucial para se entender a empresa. Os casos que envolvem a hidrelétrica não se submetem à lei ordinária do Brasil nem à do Paraguai: têm que ser analisados pela Procuradoria-Geral da República em razão da natureza jurídica da empresa binacional. Itaipu foi o único megaprojeto hidrelétrico a ser negociado não pelo Ministério de Minas e Energia (MME) e Eletrobras, mas pelo Ministério de Relações Exteriores. Além disso, Itaipu está dispensada de fazer concurso público para contratação de pessoal.

Era esse o universo complexo que aguardava Janja quando entrou na empresa. Em seu perfil no Linkedin, ela diz que chegou a Itaipu em janeiro de 2003 e define seu cargo como "Assistência Diretor-Geral Brasileiro", com as seguintes atribuições: "Desenvolvendo atividades no Projeto 'Desenvolvimento Sustentável no Oeste do Paraná' firmado entre a Itaipu Binacional e o PNUD para elaboração e implementação de Agenda de Atuação conjunta sobre a Agenda 2030 nos municípios do oeste do Paraná". Janja registra também ter coordenado "Programas de RSA" (Responsabilidade Social e Ambiental) de janeiro de 2005 a janeiro de 2020, em Curitiba e Foz do Iguaçu.

Janja tocava o programa Energia Solidária de Curitiba e viajava semanalmente para Foz do Iguaçu, distante 635 quilômetros. Era algo normal para quem estava alocado no escritório da capital paranaense, criado nos anos 1970. Os escritórios de São Paulo e do Rio de Janeiro, inaugurados na época da construção da hidrelétrica, foram fechados nos anos 1990, no governo de Fernando Collor de Mello. Os empregados foram transferidos para Curitiba ou Foz do Iguaçu.

Na capital paulista, manteve-se uma pequena estrutura de apoio aos paraguaios, já que o plano de saúde da binacional prevê transferência de empregados do Paraguai que necessitem de atendimento médico especializado para hospitais de ponta na metrópole brasileira. A unidade de Curitiba cresceu, chegou a 500 empregados e demandou novos espaços além da sede, na Rua Comendador Araújo. Já o escritório de Brasília foi fechado em 2020, e a empresa passou a usar salas do Ministério de Minas e Energia, do Itamaraty ou da Companhia Paranaense de Energia (Copel) na capital federal.

Quando Jorge Samek assumiu a direção da hidrelétrica em 2003, os sindicatos cobravam dele a adoção de um processo de seleção de pessoal. Era recorrente a queixa sobre o troca-troca sempre que um novo diretor assumia. O processo começou a funcionar em 2006 e, embora não seja um concurso como o previsto na lei brasileira, foi um freio de arrumação no excesso de indicações políticas. No Paraguai, a medida só seria implementada em 2014.

A frouxidão de regras para contratação de pessoal fez acirrar a clássica competição existente nas empresas entre o pessoal da operação e o da área corporativa. Em setembro de 2016, logo após o impeachment de Dilma Rousseff, uma denúncia anônima sobre gastos excessivos nos escritórios de São Paulo e Curitiba chegou à Procuradoria-Geral da República. O então procurador-geral Rodrigo Janot enviou ofício a Jorge Samek no qual solicitava "informações atualizadas que contenham o organograma funcional" dos escritórios de Curitiba e São Paulo, com "tempo e modo de ingresso nos postos de trabalho e o demonstrativo do impacto financeiro das contratações e manutenção dos escritórios".

A resposta, enviada em 21 de outubro de 2016, informava que na capital paulista havia três empregados que prestavam apoio em atendimento às necessidades paraguaias. Em Curitiba, foram listados 154 empregados, "11,1% do total de 1.378 empregados contratados pelo lado brasileiro". E prosseguia Samek: "A localização de nossa usina em Foz de Iguaçu implica relacionamento estreito da Itaipu com importantes órgãos públicos e privados no estado do Paraná, em especial dos governos federal e estadual, das justiças federal e estadual, do sistema bancário, Sistema S, de fornecedores, entre outros, cujas sedes estão localizadas na capital deste Estado". Segundo ele, os custos anuais das operações em Curitiba e em São Paulo correspondiam a 0,54% do faturamento da empresa, de US$ 3,291 bilhões em 2015.

O nome Rosângela da Silva aparecia no Anexo II do documento enviado à PGR. Na página 4 das sete que compõem o texto, era informado que Janja fora contratada, de forma direta, em 1º de janeiro de 2005, a serviço da diretoria-geral. A diferença de datas — 2003, como consta no Linkedin, ou 2005, como informado à PGR — provavelmente se deve ao fato de Samek ter regularizado a situação dos indicados políticos antes da implementação do processo de seleção de pessoal. A denúncia feita à PGR não foi adiante.

★

Em 2017, após o período no Rio, Janja voltou ao escritório de Itaipu em Curitiba. Continuou envolvida com atividades relacionadas à responsabilidade social da empresa. Começou a namorar Lula no fim desse ano. O petista seria preso em abril de 2018. O cruzamento de dados das redes sociais e das notícias da imprensa apontavam, como já dito no capítulo 2, que ela visitou Lula pela primeira vez em 18 de abril de 2019, um ano após a prisão, e que quando Bresser-Pereira revelou o namoro, Janja já havia visitado o namorado cinco vezes.

Se o romance de Lula e Janja fosse uma peça ficcional, o escritor poderia criar uma situação para explicar como ela foi admitida nas visitas como membro da família, uma vez que não era. Poderia supor que, àquela altura, os carcereiros de Lula, até mesmo os que não eram ideologicamente alinhados com o PT, já haviam sido seduzidos pelo "encantador de serpentes", como Ciro Gomes se referiu ao líder petista. Talvez o *upgrade* no status do casal, com o anúncio do noivado, tenha sido necessário para incluí-la na lista de visitas de familiares. Certamente a informação já havia chegado aos ouvidos de Sergio Moro, que deixara a magistratura para se tornar o ministro da Justiça de Jair Bolsonaro.

Na data da quinta visita de Janja a Lula, 16 de maio de 2019, o diretor-geral de Itaipu nomeado por Bolsonaro, general Joaquim Silva e Luna, anunciou no site *Alerta Paraná* que o escritório de

Curitiba seria fechado e que a transferência de todos os empregados para Foz do Iguaçu se daria entre julho daquele ano e janeiro de 2020. Ele havia determinado, em 9 de maio, que fosse criado um "plano de migração".

O escritor e jornalista Nelson Rodrigues dizia que qualquer coincidência tem o dedo de Deus ou do Diabo. Dificilmente se saberá se o fechamento da unidade da capital paranaense, onde trabalhava a namorada de Lula, foi retaliação de Moro pelo fato de o petista receber visitas dela; mas é fato que a decisão precipitou a saída de Janja de Itaipu e afetou a vida de mais de uma centena de empregados.

Em 15 de agosto de 2019, o Sindicato dos Eletricitários de Curitiba (Sindenel) entrou com uma ação pedindo que a Justiça do Trabalho anulasse o ato do general Luna e Silva determinando a transferência dos empregados de Curitiba para Foz do Iguaçu. Solicitou, ainda, a instauração de inquérito para verificar irregularidades na decisão. O sindicato contestava um estudo citado pelo general segundo o qual a medida resultaria em economia de R$ 7 milhões em cinco anos, com o argumento de que o adicional regional de 13% pago aos empregados em Foz do Iguaçu anularia a suposta economia.

Janja é uma das integrantes da ação, que o sindicato perdeu em primeira e segunda instâncias e que aguarda a decisão do Tribunal Superior do Trabalho (TST), não julgada até fevereiro de 2023. Porém, a libertação de Lula e o anúncio de que eles se casariam levaram a socióloga a aderir ao Programa de Demissão Voluntária (PDV) oferecido pela empresa a quem não desejasse ir para Foz do Iguaçu. O documento foi assinado no dia 12 de novembro de 2019. De acordo com a jornalista Eliane Trindade, em reportagem publicada na *Folha de S.Paulo* em 13 de novembro de 2019, Janja tinha salário de R$ 20 mil reais.

A superintendente de Comunicação de Itaipu, Patrícia Iunovich, disse ao jornal paulista que o desligamento oficial dela da companhia foi acertado para 2 de janeiro de 2020: "Até lá, ela vai usufruir de férias e dias de bonificação a que tem direito". A socióloga não quis comentar. "Não vamos falar de assuntos pessoais. A minha questão é só mesmo corrigir informações eventualmente erradas que queiram checar", afirmou ao jornal o então assessor de imprensa do Instituto Lula, José Chrispiniano.

Janja, porém, não deixou de lado seus quase 16 anos de empresa. De acordo com a jornalista Jeniffer Gularte, da sucursal de Brasília de *O Globo*, em reportagem de 4 de fevereiro de 2023, ela se reuniu no Palácio do Planalto com o deputado federal Enio Verri (PT-PR), indicado por Lula para o cargo de diretor-geral brasileiro de Itaipu, no dia 28 de janeiro. "Na conversa, discutiu a composição das cinco diretorias e falou da sua atuação na área ambiental e nas comunidades indígenas. Verri afirmou ao jornal que procurou a socióloga para buscar informações e entender o papel de inclusão social da companhia".

5
VIDA NO **RIO**

Sol, praia, samba, Carnaval e muita, muita malhação. A paranaense mais carioca do Brasil morou seis anos no Rio de Janeiro. Em suas redes sociais, as imagens de cartões postais transbordam, principalmente a do Morro Dois Irmãos, visto da areia de Ipanema, bairro onde alugou um apartamento. "Rio, meu lugar no mundo!!!!" ou "Tem como não amar essa cidade??? Rio, cidade canibal!!!! Purgatório da beleza e do caos!" eram algumas de suas declarações de amor no Instagram. Flamenguista apaixonada, Janja tinha dois amigos de quatro patas: Paris, "a girafona", como a chamava, e Thor. Os cachorros lhe fizeram companhia no período na cidade. Thor morreu aos 21 anos em novembro de 2021. "Meu Thorzinho hoje virou uma estrelinha e está agora correndo e brincando lá no céu dos doguinhos. Meu companheirão de 21 anos. Não dava mais para vc, né, filho? Desculpe se fui egoísta. Te amo pra sempre, meu velhinho ranzinza. Dá um lambeijo na vovó por mim", escreveu Janja no Twitter.

Na goleada histórica de 5 a 1 do Flamengo contra o São Paulo, em 25 de julho de 2021, pelo Campeonato Brasileiro, que encerrou um jejum de quatro anos sem vitórias sobre o tricolor paulista, Janja publicou uma foto segurando uma camisa oficial do time com o número 13 e comentou: "Manto sagrado!!!! Aqui é Mengãoooo!! Terminando o domingo felizona com essa goleada. Valeu, Bruno Henrique", seguido de três palminhas — o atacante fez três dos cinco gols do jogo. Torcer pelo Flamengo, aliás, não lhe trouxe problema com o Lula, corintiano fervoroso. "Sabe que é tranquilo. Eu torço bastante pelo Corinthians agora", disse Janja ao *Fantástico*. "A gente assiste a muito futebol em casa. Domingo e sábado, qualquer jogo. Não importa qual time que é, eu gosto de ver futebol".

Em sua temporada carioca, a malhação era quase uma religião. Havia dias em que Janja se exercitava três vezes, intercalando treinos na academia e funcionais na praia. "Caso de amor e ódio com a areia!!! #foco #determinação", publicou na timeline do seu Instagram em 25 de maio de 2015, legendando uma foto em que aparece correndo entre cones, à noite, no Posto 9, em Ipanema. Nas refeições no Rio, para equilibrar com os treinos físicos, preferia saladas, sanduíches e comida vegana. Na temporada carioca, Janja formou um grupo de amigos, da academia e da praia. Vani, a mãe, passou alguns réveillons com ela na cidade. Os amigos de Curitiba também a visitavam. Outro programa no qual ela batia ponto no Rio eram os shows da Cor do Som.

Janja se mudou para o Rio em 2011. Na época, o diretor-geral de Itaipu, Jorge Samek, lhe ofereceu licença remunerada de um ano para participar da turma anual do Curso de Altos Estudos de Política e Estratégia (Caepe), da Escola Superior de Guerra (ESG), com a qual a empresa mantém convênio. Segundo o site da ESG, o curso tem como finalidade preparar civis e militares do Brasil e de outros países para "o exercício de funções de direção e assessoramento de alto nível na administração pública, em especial na área de Defesa Nacional". As aulas diárias começaram em 21 de fevereiro daquele ano e se estenderam até 2 de dezembro, sempre das 7h às 14h.

Criada em 1949, a ESG foi resultado de uma parceria militar entre o Brasil e os Estados Unidos para ajudar o país na construção de uma Doutrina de Segurança Nacional e Desenvolvimento, inspirada no modelo da National War College, a escola de guerra norte-americana. Mas, diferentemente da sua congênere em Washington, a ESG, desde a sua fundação, previa a participação de civis em seus cursos. Durante a ditadura, a partir de 1964, a Escola Superior de Guerra se transformou num dos principais centros de formação de intelectuais contrários à disseminação de ideais de esquerda ou que poderiam atentar contra a "tradicional família brasileira".

No livro *Os motéis e o poder*, revelamos que as teses produzidas na ESG nos anos 1970 pregavam que a exploração do sexo e do erotismo era uma arma do Movimento Comunista Internacional para desagregar as famílias e, com isso, abrir o caminho para a revolução comunista. Os pensadores da ESG acreditavam que a bandeira do "amor livre" era uma patologia que incentivava a "sexualidade desviante" dos jovens homens e mulheres suscetíveis à penetração comunista.

É claro que, entre 1970 e 2011, ano em que Janja passou a frequentar as aulas, a escola estava mais aberta a outras visões de mundo.

Ainda assim, chama a atenção o nome da autora da citação usada pela atual primeira-dama na abertura do seu trabalho de conclusão de curso: a alagoana e ativista feminista Clara Charf. "Não há uma ação transformadora neste país que não tenha a cabeça, o braço e o coração da mulher", reproduziu Janja. Clara era mais conhecida como viúva do baiano Carlos Marighella, principal nome da guerrilha comunista no Brasil durante a ditadura, inimigo número um do regime na segunda metade da década de 1960. A referência a Clara apareceu novamente na luxuosa revista especial sobre a edição do curso entregue aos alunos no fim de 2011. A turma foi dividida em grupos e cada integrante tinha que escolher um pensamento ou uma citação. Janja, a única entre nove homens do Grupo Bravo, optou pela frase da viúva de Marighella usada em sua monografia.

Sob o título *Mulher e poder: relações de gênero nas instituições de defesa e segurança nacional*, a monografia de Janja também inovou ao focar no papel da mulher num contexto dominado por homens. Na introdução, porém, ela justificou que teve que ampliar a abrangência da pesquisa para falar das relações da mulher com o poder na sociedade em geral, por dois motivos. Primeiro, porque não encontrou literatura disponível o suficiente sobre a presença da mulher nas estruturas de defesa e segurança. E, segundo, porque percebeu situações de preconceitos sobre o papel da mulher na sociedade, reproduzidas por seus colegas de turma, formada, em sua maioria, por militares das três Forças brasileiras e de outros países, policiais militares, delegados, desembargadores e promotores de Justiça. No total, foram diplomados 109 alunos, dos quais apenas nove mulheres.

Ainda na introdução do trabalho, Janja cita a então presidente Dilma Rousseff, que na ditadura militou numa organização de esquerda, a Vanguarda Armada Revolucionária Palmares (VAR-Palmares), foi presa e torturada. "É inegável que o aumento da presença feminina nas esferas de poder em diferentes instituições, tanto pública como privada, é uma tendência mundial. No Brasil, essa tendência tem sido percebida pela sociedade com mais intensidade, resultado, principalmente, de ações afirmativas no que se refere à valorização do papel feminino. Pode-se afirmar que esse novo patamar na condição das mulheres no mundo do trabalho e nos espaços de decisão, representado principalmente na eleição da presidenta Dilma Rousseff, expressa uma mudança cultural sem parâmetros para a sociedade brasileira", escreveu.

O trabalho da socióloga na ESG é dividido em três blocos. No primeiro, ela faz uma análise do papel da mulher na história da humanidade, desde o Antigo Egito, sua participação no mundo do trabalho — neste trecho, cita Karl Marx e o francês Émile Durkheim, um dos pais da ciência social moderna — e a luta pela equidade de gênero.

Na segunda parte, Janja fala da relação da mulher com o poder; usa dados estatísticos da participação feminina nos parlamentos de diversos países, nas secretarias municipais de capitais brasileiras, em gabinetes ministeriais e em cargos de confiança no governo federal, além de estatísticas de mulheres eleitas para o Senado, Câmara dos Deputados, assembleias legislativas, prefeituras e câmaras municipais. "Com representatividade de 50% da população e do eleitorado e com maior nível de escolaridade, as mulheres dividem igualmente com os homens a responsabilidade pela economia do nosso país, ou seja, as mulheres representam 50% da população economicamente ativa. Mas, apesar desse cenário, as mulheres não atingem 20% dos espaços de poder e decisão nas instituições dos poderes Executivo, Legislativo e Judiciário. Esse quadro se reflete no setor privado, onde apenas 20% das mulheres ocupam cargos de chefia".

Janja admite que o terceiro e último bloco, dedicado ao papel da mulher nas questões de segurança e defesa, título do trabalho, é superficial. Além da carência de fontes, como já havia apontado, a socióloga só conseguiu identificar uma única mulher no alto escalão do Exército, Aeronáutica e Marinha: Dilma Rousseff, que, como presidente da República, era também a chefe das Forças Armadas. Janja sinaliza a existência de um "problema institucional", que demanda uma "reorganização da estrutura militar brasileira", mas evita se alongar sobre a questão, alegando não ser o foco do estudo. Ela afirma, então, que, apesar dos dados estatísticos, as questões de defesa e segurança não são "incompatíveis com o gênero feminino". Cita a resolução 1.325, do Conselho de Segurança da ONU, de 30 de outubro de 2000, que reconheceu, pela primeira vez, a importância da igualdade de gênero para a construção da paz e da promoção da segurança no mundo.

Na conclusão de sua monografia, Janja diz que a eleição de Dilma é um avanço na indicação de mulheres para postos-chave na estrutura de poder no Brasil, contribuindo para a "alteração do status de invisibilidade das mulheres", mas admite que há um longo caminho para a igualdade de gênero nas instâncias decisórias do país. E conclui: "Somente a participação democrática, que garanta condições iguais, que valorize a capacidade e a experiência e não o gênero, pode assegurar a real transformação para uma sociedade igualitária".

Embora fosse uma pessoa afável e simpática com os colegas da ESG, suas ideias contrastavam com o ambiente. Como as turmas anteriores, a de 2011 recebeu um nome e um patrono. Foi batizada de Segurança e Desenvolvimento. Em um texto publicado na revista entregue aos diplomados, o coronel Rogério Andrade, da Polícia Militar de Minas Gerais, explica a escolha do nome, baseando-se em um conceito adotado pela instituição a partir de 1968: "Na oportunidade, a escola buscou reorientar sua Doutrina de Segurança Nacional, com base no discurso do presidente Castelo Branco, ao considerar que 'a intervenção entre desenvolvimento e a segurança faz com que, por um lado, o nível de segurança seja condicionado pela taxa e o potencial de crescimento econômico e, por outro lado, o desenvolvimento econômico não possa se efetuar sem um mínimo de segurança'. Entendimento esse, ainda hoje, fundamental para a Defesa Nacional". Castelo Branco foi o primeiro presidente do regime militar, iniciado em 1964 e que durou 21 anos. Em 1968, ano em que a ESG passou a adotar o conceito de "Segurança e Desenvolvimento", citado pelo coronel PM, o marechal Artur da Costa e Silva, sucessor de Castelo, assinou o Ato Institucional nº 5. O AI-5 dava ao governo carta branca para perseguir opositores, ampliando a repressão e a tortura, e se justificava, segundo os militares, como medida necessária para garantir a "segurança nacional".

O patrono escolhido foi o general Rodrigo Octávio Jordão Ramos, falecido em julho de 1980. Em sua carreira, o general se destacou pela atuação no Comando Militar da Amazônia, mas ficou mais conhecido fora da caserna, anos mais tarde, a partir da publicação, em 17 de abril de 2022, de uma reportagem da jornalista Míriam Leitão com o historiador Carlos Fico, da Universidade Federal do Rio de Janeiro. Fico analisou mais de dez mil horas de gravações de sessões do Superior Tribunal Militar, realizadas entre 1975 e 1985, mostrando que ministros da corte relataram casos de torturas no período. O general Rodrigo Octávio foi um desses ministros. Em um dos áudios, ele expôs torturas a grávidas, das quais uma das vítimas, com três meses de gestação, perdeu o filho após sofrer "choques elétricos em seu aparelho genital". O general pediu que a denúncia fosse apurada, mas não se sabe se foi levada adiante.

Em uma edição de capa dura, impressa em papel couché, com 126 páginas ricamente ilustradas, a revista da turma Segurança e Desenvolvimento traz depoimentos dos diretores da ESG e do Curso de Altos Estudos de Política e Estratégia, fotos de todos os participantes, conferencistas, além de relatar as atividades, viagens e eventos sociais realizados durante o ano. Foram 128 viagens e 42 visitas de estudos a diversas regiões.

O grupo conheceu unidades militares, aldeias indígenas e grandes obras públicas, entre elas a usina nuclear de Angra I e a hidrelétrica de Itaipu. "No projeto, estava prevista uma viagem à Rússia, cancelada por falta de dinheiro. Depois, quiseram levar nosso grupo ao Chile, mas não ocorreu também por falta de recursos. Os militares ficaram com raiva do governo, porque é tradição, nas edições de cada curso, ter uma viagem ao exterior. Mas na nossa turma isso não aconteceu", conta o então desembargador Siro Darlan, à época lotado na 3ª Câmara Criminal do Tribunal de Justiça do Rio de Janeiro, um dos 109 integrantes da turma de 2011, em entrevista aos autores deste livro. "O curso é maravilhoso, uma aula sobre o Brasil", elogia.

No Amazonas, os alunos conheceram unidades de fronteira do Exército, como a 2ª Brigada de Infantaria de Selva, em São Gabriel da Cachoeira, no extremo noroeste do estado. Dali, deslocaram-se para a comunidade de Maturacá, na terra indígena Yanomami. Rubro-negro roxo como Janja, Siro combinou com a colega de fazer uma surpresa aos indígenas. "Eu havia comprado cem camisas do Flamengo e coloquei na minha mala. Quando chegamos lá na aldeia, distribuímos camisas para todo mundo. Foi um sucesso", lembra. Janja viajou pouco com o grupo, mas não se ausentou da visita a Itaipu. A usina foi a principal anunciante da revista em 2011, com três peças publicitárias de página inteira. O diretor-geral Jorge Samek foi um dos palestrantes do curso.

Entre os militares estrangeiros inscritos, dois eram venezuelanos ligados ao então presidente Hugo Chávez. "Um deles, um general, vivia falando dos benefícios da revolução chavista. Depois, soube que assumiu um cargo importante no governo de Maduro", conta Siro Darlan. Janja fazia poucas intervenções nas aulas, mas, nas vezes em que se manifestava, mostrava um discurso de esquerda.

A assessora parlamentar Helena Assaf, colega de turma e que se tornou amiga da socióloga naquele período, lembra do seu tom, sempre assertivo: "Às vezes eu tinha que segurá-la na cadeira. Ela sempre foi muito convicta com relação às causas misóginas, de violência contra a mulher, de segurança alimentar. Hoje, eu vejo a Janja bem coerente e alinhada com a mulher que conheci em 2011, só que agora ela tem muito mais espaço para implementar suas ideias. Na ESG, no meio daqueles militares de alta patente, era mais complicado". Helena conta que, durante uma palestra para explicar o trabalho final aos alunos, o professor usou o exemplo de uma monografia sobre Leila Diniz, na qual a atriz era enfocada como responsável pelas atitudes machistas que sofreu. "A Janja ficou bem nervosa com aquilo", lembra Helena.

No entanto, a marca de Janja, para o ex-desembargador Siro Darlan, foi outra. Como integrante da subcomissão executiva de atividades Culturais, Desportivas e Sociais da turma, ela articulou uma palestra de Lula para a turma na Escola Superior de Guerra. Havia sete meses que o presidente deixara a Presidência da República. "Os militares são conservadores, reacionários e detestam o Lula, mas tiveram que engolir o sapo barbudo, como dizia o velho Brizola. Foi muito interessante a presença dele lá. Todos eles prestaram homenagem, balançando a cabeça, aplaudindo, mas, depois, no corredor, o discurso era outro, né?", lembra Darlan.

Com o título "Brasil: um país do futuro", a palestra de Lula ocorreu no dia 29 de julho de 2011. Ele chegou acompanhado dos chefes das três Forças Armadas e do então ministro da Defesa, Nelson Jobim. Dias antes, Jobim criara um mal-estar com a presidente Dilma por anunciar que votou no tucano José Serra, adversário da petista na disputa presidencial. Cinco dias depois, o ministro seria substituído pelo chanceler Celso Amorim.

Em sua fala, Lula defendeu maior cooperação do Brasil com a

África e a América Latina; pediu mudanças no Conselho de Segurança da ONU, que meses antes havia autorizado a intervenção militar na Líbia, resultando na morte do ditador Muamar Kadafi; elogiou investimentos em infraestrutura feitos pelo general Ernesto Geisel, penúltimo presidente da ditadura; e defendeu o fortalecimento das Forças Armadas. "Quando eu cheguei no governo, o Batalhão de Engenharia do nosso Exército não tinha sequer uma betoneira. A gente não quer as Forças Armadas fazendo política, mas também não as quer subalternas e desacreditadas. Queremos Forças Armadas bem treinadas, preparadas, equipadas e respeitadas", discursou.

Siro Darlan se surpreendeu com a intimidade entre Janja e Lula. "Ela parecia muito amiga dele. Era uma espécie de relações públicas, uma anfitriã que o recebia e o apresentava aos colegas", lembra. "Lula tinha acabado de sair da Presidência, e não é fácil ter acesso a uma pessoa como ele, mesmo depois de ter deixado o cargo, a não ser que se tenha relação de proximidade", acrescenta. Ele conta que, durante um dos eventos sociais com os colegas do curso, a socióloga apareceu com um namorado. Em sua monografia, além de agradecer a Jorge Samek pela oportunidade de participar do curso da ESG, Janja dedicou o trabalho a "mulheres de fibra e coragem", vítimas diárias de "preconceitos pelo simples fato de serem mulheres"; à mãe; às oito colegas de sua turma; e, por fim, ao namorado — apresentado a Siro Darlan — por lhe apoiar na sua ida para o Rio, "mesmo sabendo das dificuldades da distância que, felizmente, não atrapalhou só nos fortaleceu". Janja omitiu o nome do namorado. Um colega do escritório de Curitiba diz se tratar de um empregado de Itaipu.

Não se sabe o que levou ao fim o romance de Janja. Talvez sua decisão de permanecer no Rio tenha precipitado o rompimento. E a distância pode ter atrapalhado. Quando terminou o curso na ESG, a então funcionária de Itaipu pediu ao diretor-geral da usina binacional — e conseguiu — sua cessão para trabalhar na sede da Eletrobras, no Centro da cidade. Na época, a hidrelétrica era uma das empresas subordinadas à estatal de geração e transmissão de energia. "Samek conversou com o nosso presidente [*José da Costa Carvalho Neto*], que concordou com a vinda dela, porque tínhamos um trabalho consistente em sustentabilidade. Não sabíamos se ela iria trabalhar diretamente na área de Meio Ambiente ou com a gestão de Sustentabilidade, que era comigo", conta Luiz Augusto Figueira, atual diretor de Gestão e Sustentabilidade da Eletrobras, hoje privatizada e sem vínculo com Itaipu.

Janja optou pela área de gestão de Figueira, a partir de 2012. Como a renovação da cessão não era automática, era mandatório entrar, anualmente, com um novo pedido para continuar na Eletrobras, e ela assim o fez até 2016, quando foi obrigada a voltar para Curitiba após a saída de Dilma e a entrada de Michel Temer na Presidência da República. Por determinação do governo federal, a Eletrobras teve que reduzir custos e uma das primeiras iniciativas foi devolver todos os empregados cedidos. A socióloga trabalhou até o fim daquele ano. Jorge Samek, seu padrinho político, deixou a direção-geral de Itaipu em março de 2017, após 14 anos no cargo.

Figueira conta que Janja teve um papel importante em sua equipe. "Nosso time era enxuto. Trabalhávamos com os nossos dados e os das empresas ligadas ao grupo Eletrobras e, para isso, contávamos com uma assessoria que fazia o nosso relatório de sustentabilidade. Havia coisas que precisavam ser melhoradas. A vinda dela foi uma feliz coincidência, porque estávamos começando a trabalhar com a parte de asseguração independente do relatório. Coube a ela a articulação com a empresa asseguradora", lembra o executivo.

Naquela temporada no Rio, Janja viveu um salto profissional. Na Itaipu, seu trabalho era mais operacional, de desenvolvimento de projetos de redução de impactos sociais causados pela hidrelétrica. Na Chroma, atuou na remoção dos atingidos pela Usina de Barra Grande. Na Eletrobras, ela tinha que engajar vários públicos: equipes internas e de outras subsidiárias do grupo, a empresa responsável pelo relatório e, claro, a própria asseguradora. Ali, conseguiu aprimorar uma das principais características de sua personalidade, a articulação, que, anos mais tarde, mostrou-se importante para a vitória do marido na eleição presidencial. "Ela fazia o meio de campo, muita coisa do relatório dependia da ação dela", conta Figueira. "E, para lidar com a asseguração, é preciso ter posições firmes, porque eles são duros na negociação. Ela duelava com eles e só quando não dava para resolver é que trazia o problema para mim".

Além da articulação com diferentes áreas, Janja ajudava na construção de respostas para indicadores de sustentabilidade, como o Índice de Sustentabilidade Empresarial (ISE), da Bolsa de Valores brasileira, e o Dow Jones Sustainability Index, da congênere norte-americana. Para isso, fez cursos de especialização, entre eles os da Global Reporting Initiative (GRI), cujos indicadores são considerados padrão em relatórios globais.

Janja era extrovertida e isso a ajudava a conquistar espaço no trabalho. O engenheiro José Carlos Brito, que trabalhou por 46 anos na Eletrobras — chegou a assistente do diretor de Engenharia —, conta que nunca viu Rosângela, como ele a chama, sem um sorriso no rosto. "Ela tinha a opinião dela, mas respeitava a dos outros. Isso é um ponto positivo, principalmente quando você está numa equipe de trabalho", diz. "Rosângela era espaçosa, no sentido de ocupar espaço para o bem e para o mal, numa visão mais ampla. Ou seja, qualquer espaço vazio, ela ocupava, se fazia presente, mas não demonstrava ser prepotente, hierárquica. Muitas pessoas devem estar incomodadas com isso no governo", avalia.

O ex-colega de trabalho lembra de um caso que envolveu José da Costa Carvalho Neto, presidente da Eletrobras. "Às vezes, eu estava conversando com ela e o presidente mandava me chamar. Um dia, ela brincou comigo assim: 'Eu nunca falei com o presidente. Você nunca me chamou.' Aí eu respondi: 'Então, vamos comigo, Rosângela, você não quer conhecê-lo?'. 'Mas ele não me chamou', ela disse. E aí falei: 'Eu tô chamando'. Ela levantou e foi comigo. Entramos na sala e eu a apresentei ao presidente. Ela foi supersimpática, se sentou, conversou uns dez minutos e foi embora. Depois, ela me gozou: 'Eu fui lá, conversei e foi tudo bem'. Ou seja: ela tirou a conclusão dela e azar da conclusão do presidente", recorda-se, rindo.

★

Quando Janja chegou à sede da Eletrobras, alguns empregados comentavam, em tom de brincadeira, que ela deveria ser filha de

Lula, por causa do sobrenome. "Naquele início, a gente nunca tinha certeza nem que sim nem que não. Ela era muito discreta e não falava disso", afirma José Carlos Brito: "Nós sabíamos, porém, das relações dela com o PT, que era conhecida da Gleisi Hoffmann, que tinha uma relação com o Samek, assim como outros apadrinhados políticos. Eu trabalhei 46 anos na Eletrobras e, desde que entrei na empresa, convivi com isso. Ou seja, esse tipo de coisa não chamava a nossa atenção, porque isso é comum em estatais".

Tanto Brito quanto Luiz Augusto Figueira, porém, não se lembram de um só momento em que a socióloga tenha usado o apadrinhamento político para se impor. "Ela nunca procurou o meu chefe, que era o presidente da empresa, pedindo para considerar a sua posição sobre a minha. Tínhamos discussão, mas nenhum conflito irremediável", afirma o diretor de Gestão e Sustentabilidade da Eletrobras. Brito, por sua vez, se surpreendia com a obsessão de Janja pelas questões sociais e a vontade de aprender sobre o setor elétrico. Antes de ser privatizada, a Eletrobras reunia um conjunto variado de empresas: hidrelétricas, termelétricas, plantas eólicas, solares e usina nuclear.

Até então, a visão da socióloga concentrava-se nos desafios comuns a uma hidrelétrica. "Se tinha alguém preocupado com o cimento armado ou o funcionamento de uma turbina, a Rosângela fazia o contraponto, questionando sobre as consequências da obra para moradores da região. Por exemplo, ela sempre perguntava: isso aí não vai provocar desemprego? Ela insistia nessas coisas. Eu acho que isso diz muito sobre a personalidade dela", ressalta José Carlos Brito.

Quando não trazia suas saladas cuidadosamente guardadas em potes de vidros, cujas fotos ilustraram algumas vezes seu Instagram naquela época, Janja saía com Brito e outros colegas da diretoria da Eletrobras para explorar restaurantes do Centro do Rio. Nesses almoços, metia o pé na jaca. "Tinha um restaurante de comida mineira aonde íamos muito, éramos amigos do dono. Ela adorava e sempre queria experimentar alguma coisa diferente", conta Brito. Mesmo nesses momentos mais descontraídos, Janja mantinha a discrição: não falava de política ou de sua vida particular ou namorados. "Ela fugia um pouco desse assunto, quando a gente provocava. Ela nunca apresentou ninguém, mas sabíamos que vivia sozinha no Rio", lembra o engenheiro.

★

No período em que morou no Rio de Janeiro, Janja não se dedicou apenas ao curso na Escola Superior de Guerra e, depois, ao trabalho na Eletrobras. Ela também se especializou em analisar dados fiscais de empresas subsidiárias da estatal, então vinculada ao Ministério de Minas e Energia. Apesar de não disponibilizar informações no Linkedin, entre 2011 e 2016, a socióloga foi eleita conselheira fiscal da Companhia de Geração Térmica de Energia Elétrica (CGTEE), em Porto Alegre, e da Companhia de Transmissão de Energia Elétrica Paulista (CTEEP). Na CGTEE, hoje incorporada à Eletrosul, ela ingressou em junho de 2011 e permaneceu até dezembro de 2015. Nos quatro anos e meio na companhia, recebeu ao todo cerca de R$ 130 mil para participar das 54 reuniões do conselho fiscal que ocorreram no período, uma por mês[2].

Na CTEEP, em São Paulo, Janja foi eleita para o Conselho Fiscal em 19 de julho de 2011 e permaneceu no cargo até abril de 2017. A empresa não informa a remuneração individualizada dos conselheiros fiscais. Nas atas das assembleias gerais ordinárias da companhia, foram aprovadas, entre 2011 e 2015, verba anual de R$ 378 mil para o pagamento de seus cinco integrantes, além de reembolsos para "despesas incorridas em viagens e deslocamentos". Em 2016, a verba subiu para R$ 500 mil.

Na companhia gaúcha, a socióloga foi envolvida em um processo no Tribunal de Contas da União, junto com os demais conselheiros. Segundo o site *O Bastidor*, editado pelo jornalista Diego Escosteguy, uma representação levada ao tribunal apontava a "aquisição de energia elétrica para revenda com prejuízo de R$ 17.871.518,40 no exercício de 2012, e com prejuízo de R$ 25.072.394,16 no exercício de 2013". O TCU, no entanto, acatou os argumentos dos advogados de defesa, de que tudo havia sido aprovado pela assembleia geral da companhia e considerou o caso improcedente.

No período que passou fora de sua cidade natal, Janja teve um bom rendimento mensal. Além dos pró-labores como conselheira de duas empresas do grupo Eletrobras, ela ainda recebia o salário

---

[2] Os valores são estimados. A CGTEE disponibiliza em seu site os relatórios de gestão com as remunerações dos conselheiros recebidas nos anos de 2011, 2013, 2014 e 2015. O relatório de 2012 não está disponível. O cálculo foi feito, então, com base nos valores pagos no ano anterior a integrantes que participaram de todas as reuniões mensais do conselho, como foi o caso de Janja.

de Itaipu, que, em 2019, quando deixou a empresa, era de cerca de R$ 20 mil, como revelou a *Folha de S.Paulo*.

★

Janja estava plenamente adaptada à rotina carioca. Entre um treino nas areias de Ipanema e um show da Cor do Som, a socióloga também não deixava de participar das atividades políticas do PT e de outros partidos de esquerda, como as manifestações contra o impeachment de Dilma Rousseff. No dia 11 de abril de 2016, ela foi a dois atos contra a saída da presidente, na Lapa, histórico bairro da cidade: na Fundição Progresso, comandado por Chico Buarque, e na praça dos Arcos da Lapa, com a presença de Lula. No Instagram, publicou uma foto abraçada ao compositor e comentou: "Chico, seu lindo!!! #NãoVaiTerGolpe #VaiTerLuta". A outra foto ao lado do cantor seria postada em dezembro de 2017, no evento de inauguração do campo de futebol do MST em Guararema, quando Lula a paquerou. Dias depois dos atos no Rio, a Câmara autorizou a abertura de processo contra Dilma.

A partir do segundo semestre de 2016, a vida de Janja no Rio de Janeiro iria virar de cabeça para baixo. Em julho, o executivo Wilson Ferreira Junior assumiu a presidência do grupo Eletrobras e anunciou uma profunda reestruturação da empresa, com corte de gastos e de pessoal e um programa de demissão voluntária, que teve a adesão de mais de dois mil empregados. Desde a política adotada no governo Dilma, em 2012, que forçava uma queda artificial das tarifas de energia, a Eletrobras vinha amargando sucessivos prejuízos. Em 2016, sua dívida bruta somava mais de R$ 45 bilhões.

Inicialmente, a medida não afetou Janja, porque a decisão de Ferreira atingia apenas os empregados cedidos cuja remuneração era paga pela Eletrobras. Não era o caso da socióloga, pois seu salário vinha de Itaipu. Ao saber, tempos depois, que apenas Janja ficara no Rio, o executivo pediu, segundo uma fonte da empresa, que ela também fosse devolvida para evitar críticas de que estava sendo beneficiada por ser uma indicação política. A contragosto, a socióloga recebeu a notícia de que seu pedido de cessão não seria renovado e, portanto, a partir de janeiro de 2017, teria que voltar para Curitiba.

Janja viveu intensamente seus últimos meses na Cidade Maravilhosa, que, naquele ano, sediava as primeiras Olimpíadas realizadas na América do Sul. Em setembro, ela assistiu a provas de remo e de natação paralímpicos. A música também estava sempre presente. "Porque hoje é dia de samba, bebê!!!", escreveu para uma selfie, tirada num elevador, vestida para matar, como dizem os cariocas: bem maquiada, com os cabelos castanhos trabalhados no *babyliss* e uma blusa preta decotada.

Na noite de 21 de outubro, ela foi assistir à cantora Roberta Sá, convidada do projeto Samba da Lua Cheia, do grupo Samba do Mercado, em um terraço no Bossa Nova Mall, com vista panorâmica para a Baía de Guanabara, Cristo Redentor e Marina da Glória. Ali também, Janja viu mais um show da Cor do Som. No feriado de 15 de novembro, viajou na companhia de uma amiga para Lumiar, região serrana do Rio, onde fez rapel numa cachoeira. Ela gostou tanto do lugar que voltou no início de janeiro de 2017. O Réveillon de despedida da cidade seria em seu apartamento de Ipanema, ao lado da mãe, Vani.

Janja retornou a Curitiba em seu próprio carro, no Dia de Iemanjá, 2 de fevereiro, na companhia do amigo Moacir Bortolozo e da cadela Paris, a "girafona". A viagem durou dois dias. Ela voltou ao Rio para o Carnaval: no dia 11, postou uma foto ao lado de um folião fantasiado de Obelix no Imprensa que Eu Gamo, bloco de jornalistas, que naquele ano ironizava em seu samba o empresário Eike Batista, o ex-governador Sérgio Cabral, ambos presos, e João Doria. O então prefeito de São Paulo mandara pintar de cinza os muros da cidade para apagar os grafites e recebeu uma saraivada de críticas.

Em 13 de fevereiro de 2016, ela escreveu um texto de despedida da "cidade canibal". Dali a dois dias, estaria de volta ao trabalho no escritório de Itaipu, na capital paranaense: "Com sorriso no rosto, cabelos ao vento e coração em paz, me despeço do Rio! Não é uma despedida e sim um até breve! Fiz excelentes amigos que levo no coração!!! Essa cidade canibal me deu momentos de máxima alegria e também de tristeza, que encaro como crescimento!! Volto para a velha e fria Curitiba repleta de pessoas que amo! Sei que vou encontrar portas e janelas abertas para recomeçar!! Vamos lá redescobrir Curitiba! Um beijo, Rio de Janeiro, espero na minha volta encontrar uma cidade mais humana, mais sustentável e tão bela quanto deixo porque mais bela é impossível!!! #voualiejavolto #cidadecanibal #muitoamorenvolvido #meulugareaqui".

Uma vez ao mês, Janja fazia questão de visitar o Rio. Na fria Curitiba, de vez em quando, batia uma saudade do calor de Ipanema. No dia 27 de abril de 2017, depois de o termômetro chegar a 9 graus, ela publicou um trecho da música "2 Perdidos", de Dadi Carvalho, o baixista da Cor do Som: "Tá fazendo frio nesse lugar/ Onde eu já não caibo mais/ Onde eu já não caibo mais/ Onde eu já não caibo mais/ E eu já não caibo em mim. #meulugarnaoeaqui #querocalor #curitibagelada #saudades". Em novembro, a saudade do Rio ainda estava latente. Sob uma foto do Rio Paraná, de onde Itaipu tira sua energia, ela comentou: "Foi um rio que voltou a passar na minha vida!! #paranazao #itaipudam #flashback #prefiroipanema". No fim daquele ano, a vida de Janja mudaria outra vez, agora distante do Rio.

6
A VIGÍLIA

A dona de casa Regiane do Carmo Santos lutava contra uma imensa tristeza desde que o marido a abandonou em 2017, aos 52 anos. Controlador, ele não a deixava trabalhar; Regiane vivia para ele. "Na época, eu não via como um comportamento abusivo. Eu não enxergava, achava que o ciúme, a poda, a castração, eram sinais de amor. E ele foi embora! Meu mundo caiu, passei a beber demais", conta em entrevista aos autores deste livro. Até que, em abril de 2018, moradora do bairro de Santa Cândida, em Curitiba, onde fica a sede da Superintendência da Polícia Federal do Paraná, ela passou a ver as ruas cheias após a prisão de Lula. "Deus me presenteou com a Vigília, foi isso que me resgatou de mim mesma. Aprendi os meus direitos, o que é uma mulher empoderada, politizada. Imagine você abrir a porta da sua casa e aprender com as pessoas. Conversava com todo mundo", diz Regiane, que concluiu o ensino médio e quer cursar uma faculdade na área da saúde.

Regiane foi a primeira moradora a ceder sua casa para a instalação de uma cozinha destinada a alimentar os militantes que montaram, no Santa Cândida, a Vigília Lula Livre, um protesto organizado por PT, MST, CUT e Movimento dos Atingidos por Barragens (MAB). A ideia era criar um movimento de resistência à prisão do petista. Para seus organizadores, a palavra de ordem já havia sido dada por Lula: só a mobilização popular poderia tirá-lo de lá. E a Vigília acabou se tornando um espaço de peregrinação de pessoas de todos os estados do Brasil.

A dona de casa logo conheceu Janja, que ia diariamente à Vigília, mas sempre mantendo uma atuação discreta, mesmo após a revelação de que era namorada de Lula. Na maior parte do tempo — precisamente 405 dos 580 dias de cárcere — Janja se manteve incógnita; pouquíssimas pessoas sabiam que aquela mulher que chorava a cada discurso ou apresentação musical era a eleita de Lula. A Vigília foi crucial para a consolidação do romance do casal. Era ali que Janja encontrava os amigos e se abastecia de força e determinação para continuar a resistir à prisão do companheiro. Afinal, quando Lula foi encarcerado, eles viviam o auge da paixão.

Regiane alugou a parte da frente de sua casa para a instalação de barracas onde os militantes dormiam e, depois, cedeu um espaço adaptado para funcionar como cozinha, batizada de Marielle Franco. "Minha casa passou a ser frequentada por centenas de pessoas. Gente importante, que eu nem sabia quem era, porque eu não era nada politizada. Chegavam na minha sala de manhã e me apresentavam o *[Aloizio]* Mercadante, o *[Adolfo Pérez]* Esquivel... Eu não conhecia essas pessoas. Graças ao Lula, eu cresci muito.

Como mulher, como ser humano, na política. Lula foi um divisor de águas na minha vida", conta Regiane, que diz ter vivido cem anos em 580 dias.

Mas nem tudo foi fácil. Houve hostilidade de vizinhos, e até os netos sofreram bullying na escola. Ela guarda um documento para os netos e bisnetos: uma carta de Lula agradecendo seu apoio, entregue por Lurian, a primogênita do petista. "Eu enviei uma carta a ele no dia 11 de setembro de 2018, quando a candidatura dele foi proibida. Queria dar meu apoio e lamentar a decisão da Justiça. No dia 13, a Lurian me entregou a resposta, junto com duas rosas", lembra.

O coordenador do MST no Paraná, Roberto Baggio, conta que a informação de que Lula iria para Curitiba em 7 de abril de 2018 só foi confirmada no próprio dia, às 9h30: "Aí desencadeamos o processo. A ideia era: para aonde ele fosse, teríamos que manter a mobilização popular". Por volta das 11h30, os militantes já estavam na porta da Polícia Federal. "Delimitamos um espaço nosso, ocupando toda a entrada principal da sede da PF. De tarde, havia virado uma grande manifestação para acolher Lula". Do outro lado, ficaram os bolsonaristas, que vociferavam contra o ex-presidente e o PT.

Assim que o helicóptero com o petista pousou no prédio, por volta das 21h30, policiais federais iniciaram uma inesperada e violenta repressão contra os manifestantes pró-Lula. Bombas de efeito moral e gás lacrimogêneo provocaram corre-corre, com pessoas pisoteadas e um saldo de 120 feridos. No lado bolsonarista, não houve qualquer ação policial.

No domingo de manhã, dia 8, só o MST tinha 21 ônibus no local, que transportaram mais de mil militantes. Em uma semana, calculava-se que sete mil pessoas já haviam passado por lá. "Nós conseguimos organizar o acampamento numa situação muito adversa, em cima de calçada, numa rua pública. Nossa ação virou um fato político. Repercutiu regionalmente, nacionalmente e internacionalmente", conta Baggio em entrevista aos autores. Segundo a jornalista Áurea Lopes, que escreveu um livro sobre a Vigília, ao completar um mês, o acampamento já havia recebido 1,5 tonelada de alimentos não perecíveis, além de carnes e vegetais. "Nas primeiras semanas, foram servidos, em média, 1.400 almoços e 1.400 jantares por dia", relata a jornalista.

Nos três primeiros meses, a Vigília foi mantida na confluência de três ruas, em frente à PF, que recebeu o nome de Praça Olga Benário, escrito à mão no asfalto. Os organizadores travaram uma disputa contra a Prefeitura de Curitiba e o Judiciário, que havia concedido ao município um interdito proibitório — proibição de um conjunto de atividades no entorno do prédio da Polícia Federal. "Já no sábado, 7 de abril, tínhamos uma faca no pescoço, o interdito, que vinha com multas abusivas, de R$ 500 mil reais. A cada dia, foram limitando o que era possível fazer: numa hora tinha que tirar o som; na outra, eram as barracas. Queriam nos asfixiar, definhar a Vigília", lembra o dirigente do MST.

Eram comuns episódios de violência contra o protesto. O evento mais grave ocorreu no acampamento Marisa Letícia, a um quilômetro dali. No dia 28 de abril, às 4h da madrugada, alguém de fora atirou contra o grupo, ferindo duas pessoas: uma com estilhaços de um banheiro químico e outra com um tiro de raspão de pistola 9mm no pescoço.

Ao fim dos primeiros 90 dias do movimento, quando as autoridades se preparavam para retirar definitivamente os manifestantes, com base no interdito proibitório, seus dirigentes apresentaram contratos de locação de dois imóveis: uma casa e um terreno em frente ao local onde ficava a cela de Lula. Só aí a situação se acalmou. "Quando o Tribunal de Justiça do Paraná decidiu pela proibição quase plena das atividades da Vigília, a gente deu um passo adiante: entramos na área congelada, com contratos legais. Nos tornamos vizinhos de Lula. Só uma grade nos dividia, estávamos a uma distância de 80 metros do local onde ele ficava", afirma Baggio.

Da sala-prisão, Lula só avistava a copa de uma das três araucárias sob as quais estava instalado o acampamento, mas seus ouvidos se mantinham atentos. Logo pela manhã, às 9h, os militantes gritavam "bom dia, presidente Lula". À tarde, às 14h30, era a vez do "boa tarde, presidente Lula" e, finalmente, às 19h, o "boa noite, presidente Lula". Janja se esforçava para participar desses rituais antes de ir para o trabalho e no fim do expediente. O cumprimento, que virou marca registrada da Vigília, era repetido 13 vezes cada um. O ritual deixou de ser realizado apenas uma vez nos 580 dias de prisão: em 2 de março de 2019, quando foi sepultado Arthur Lula da Silva, neto de Lula. Naquela data, os militantes gritaram: "Força, presidente!". A ideia das saudações a Lula foi de Maira Oliveira dos Santos, paranaense de Foz do Iguaçu e hoje secretária de Juventude do PT no estado.

"Às vezes (...) eu acordo e penso: meu Deus, o que eu tô fazendo aqui?! (...) E por que eu não tô lá fora, junto com essa gente, que está dando duro pra defender a nossa democracia, proteger as nossas crianças, salvar as nossas matas e rios?... Confesso que nessa hora dá um desânimo. Dá vontade de fechar os olhos e tentar dormir de novo. Mas aí... aí, de repente... o meu coração ouve: bom dia, presidente Lula! (...) E eu não espero as 13 vezes, não! Na segunda eu já me levanto. Eu já me encho de ânimo. É a força que vem de vocês, e que vocês, generosamente, me dão! Isso é que é a Vigília para mim. Uma fonte de coragem e vigor", escreveu Lula em agosto de 2019, numa carta de agradecimento aos militantes, reproduzida no livro da jornalista Áurea Lopes.

A saudação a Lula foi repetida em sua diplomação no TSE, em 12 de dezembro de 2022. Parte dos presentes, antes de o presidente eleito falar, gritou a plenos pulmões: "Boa tarde, presidente Lula!", numa clara referência à Vigília e bem diante dos magistrados do STF que, anos antes, confirmaram sua condenação em segunda instância, mandando-o para a prisão. No parlatório do Palácio do Planalto, diante da multidão presente à sua posse, o presidente retribuiu: "Quero começar fazendo uma saudação especial a cada um e a cada uma de vocês. Uma forma de lembrar e retribuir o carinho e a força que recebia todos os dias do povo brasileiro — representado pela Vigília Lula Livre —, num dos momentos mais difíceis da minha vida. Hoje, neste que é um dos dias mais felizes da minha vida, a saudação que eu faço a vocês não poderia ser outra, tão singela e ao mesmo tempo tão cheia de significado: Boa tarde, povo brasileiro!".

Autora da ideia de levar representantes do povo brasileiro para a entrega da faixa presidencial a Lula, já que Bolsonaro fugiu para os Estados Unidos antes da posse de seu sucessor, Janja fez questão de incluir duas pessoas da Vigília para subir a rampa do Planalto: a cozinheira Jucimara Fausto dos Santos, que foi selecionada no concurso para fazer pão para os militantes e lá ficou por dez meses, e o artesão paranaense Flávio Pereira, que trabalhou ao longo dos 580 dias de existência do acampamento. Além, claro, da cachorra Resistência, mascote da Vigília.

★

Apesar de ter se sido um episódio importante na história recente do país, que reuniu milhares de pessoas, personalidades da política e do meio artístico do Brasil e do mundo, a Vigília passou praticamente despercebida pela grande imprensa. Em Curitiba, tornou-se uma referência turística. Motoristas de táxi do aeroporto e da rodoviária eram procurados por quem chegava à cidade para levá-los ao acampamento e participar de eventos, entre eles shows no pequeno palco montado no local e cultos ecumênicos. "O mundo foi até o Lula, não era como esses doidos que ficavam em porta de quartel atrás do inominável. O Lula não, ele ficou centralizado em um ponto e aí o mundo veio até ele", afirma Regiane Santos.

Além dos eventos culturais, o MST aproveitou a Vigília, pela qual passaram três mil militantes sem-terra, para realizar cursos na Casa de Formação Marielle Franco. Também foram convidados a falar no local visitantes famosos, como o escritor Raduan Nassar; Aleida Guevara, filha de Che Guevara; o político francês Jean-Luc Mélenchon; o arquiteto e ativista de direitos humanos Adolfo Pérez Esquivel, prêmio Nobel da Paz de 1980; o ator Danny Glover.

Quem também esteve na Casa Marielle Franco foi a chef Bela Gil, que visitou o acampamento em 10 de abril de 2018. Ela falou sobre alimentos agroecológicos para militantes do MST, hoje o maior produtor de arroz integral do país, como revelou Lula na sabatina do *Jornal Nacional*, em 25 de agosto de 2022. Fã de comida natural, Janja não conhecia pessoalmente a filha de Gilberto Gil e aproveitou para tietá-la. Publicou uma foto com ela no Instagram. "Na luta com @belagil!! #lulalivre #lulainocente. Vigília Democrática Lula Livre".

Janja e Bela Gil se tornaram amigas. Foi a chef quem indicou a estilista Helô Rocha para fazer o vestido do seu casamento; gostou tanto do resultado que chamou Helô para desenhar a roupa da posse. Bela Gil chegou a ser nomeada para integrar o Núcleo de Desenvolvimento Social e Combate à Fome no governo da transição, a convite de Janja, mas declinou de assumir a Secretaria de Alimentos Saudáveis, ligada ao Ministério do Desenvolvimento Agrário.

Roberto Baggio, do MST, destaca a importância da presença de Janja na Vigília: "Ela sempre esteve nos momentos ápice, que se destinavam a esparramar esperanças, perspectivas, sonhos, como o aniversário do Lula, festas natalinas, virada de ano. A gente preparava uma bela mística, um belo visual, para alimentar a esperança, a batalha. Vinha gente de todo o Brasil para beber na fonte de água boa da resistência". A amiga Luciana Worms lembra que, certa vez, ela e Janja colocaram uma caixa de som, à noite, para tocar Ave-Maria, de Gounod, numa gravação de Jorge Aragão no cavaquinho: "Ele ouviu e escreveu sobre isso numa carta para ela. O Lula é muito católico. Essa música, depois, foi tocada no casamento".

A revelação de que a mulher simpática, que chorava nos shows e cultos ecumênicos, era a namorada de Lula pegou a maioria de surpresa e, segundo a dona de casa Regiane Santos, "cortou o barato" de muitas mulheres que tinham a esperança de conquistar o coração do viúvo. "Na Vigília, havia mulheres que eram — como posso falar? — taradas pelo Lula. Eu não o vejo como homem, vejo como um pai, um irmão. Mas ele tinha muitas fãs. Uma colega, a Margarete, era apaixonada. Ela dizia: 'Ele é um tesão de homem'. E eu falava: 'Credo, Margarete, respeita!'", conta Regiane: "Muita mulher lá tinha ilusão: 'Ah, eu vou conseguir falar com o Lula e ele vai se apaixonar por mim'. A Janja cortou o barato de muitas". Para ela, o amor de Janja não só deu forças ao petista num momento difícil da sua vida, como continua a ser importante. "Não foi fácil, mas olha onde ele está agora! Estava escrito".

★

Logo nos primeiros dias da Vigília, uma cachorrinha sem dono perambulava pelas ruas do bairro Santa Cândida, um dos pontos mais altos e gelados de Curitiba. O frio era intenso naquele início de abril de 2018. "Chovia e fazia menos de 15 graus quando uma pequena vira-lata preta cruzou a tumultuada Via Rápida. Desviando entre os carros e assustada pelo barulho das buzinas, a filhote tremia e se encolhia quando dois homens que passavam finalmente a acolheram", registrou o perfil do presidente Lula no Facebook, em publicação de 29 de dezembro de 2019. Eles eram metalúrgicos de São Bernardo do Campo e a levaram para o acampamento, onde foi batizada de Resistência. A cadelinha tornou-se uma estrela: latia e rosnava para quem ameaçasse hostilizar os militantes e tirava fotos com famosos e artistas, segundo o relato no perfil de Lula.

Apaixonada por cachorros, Janja se aproximou da mascote. A primeira foto em que apareceram juntas foi em 15 de abril de 2018. "Na luta com a Resistência!!! #lulavalealuta #lulalivre #lulainocente #lulapresidente", escreveu. Na época, ainda havia a esperança de que Lula não ficaria muito tempo na cadeia e concorreria à eleição naquele ano. Em junho, pouco antes da chegada do inverno, a cachorrinha ficou doente. Janja a levou a uma clínica veterinária e publicou: "Nossa mascotinha da Vigília #lulalivre está doentinha, mas vai ficar bem!! Nossa Resistência!! Muito amor por ela. Nos perdoe, Bebê, pela nossa irresponsabilidade!!! Amamos você!!!".

A vira-lata não voltaria mais para o acampamento; foi adotada por Janja, que passou a publicar fotos da cadela com estrelinhas do PT. "Ela é nosso amuletinho. A Resistência foi encontrada e adotada pela Vigília. Ela ficou alguns meses na Vigília, mas, como é muito frio em Curitiba, ficou doentinha e eu falei: 'Vamos lá, Resistência, você vai para minha casa'. E ela foi. Contei isso por carta para ele: 'Olha só, temos uma filha nova'. E aí o pessoal da Vigília falou: 'Resistência ainda vai subir a rampa do Planalto'", disse Janja ao *Fantástico*.

Em outubro de 2021, por influência de Janja, o PT criou um núcleo voltado aos direitos dos animais e, em março do ano seguinte, Resistência tornou-se "embaixadora canina da adoção". Na tarde de 1º de janeiro de 2023, agora rebatizada como Resistência Lula da Silva, a cadelinha finalmente subiu a rampa.

7
VIDA EM **SÃO PAULO**

Depois que Lula deixou o cárcere, ele e Janja foram morar temporariamente em São Bernardo do Campo, em um sobrado ocupado por seus seguranças. Como ex-presidente, Lula tem direito a quatro seguranças. O casal não quis se mudar para o apartamento em que ele viveu com Marisa Letícia. O plano era alugar uma casa em São Paulo, mas, por razões de segurança, tiveram dificuldades em encontrar um imóvel. A mãe de Janja morou com o casal até a sua morte, por Covid, em 28 de outubro de 2020.

Enquanto a pandemia não acabava com a liberdade recém-conquistada, Lula e Janja viajaram por cinco estados e ao exterior. A primeira cidade visitada foi a histórica Paraty, no sul fluminense, no início de dezembro de 2019, onde conheceram uma comunidade quilombola. "Dia de troca de energia no Quilombo do Campinho!!!!! Dia de jongar!!!", escreveu Janja no Instagram, numa foto em que aparece dançando com uma moradora. Em outro post, ela agradeceu à "força das doces águas", posando em frente a uma cachoeira.

Na primeira quinzena de fevereiro de 2020, Lula se encontrou com o Papa Francisco, no Vaticano, para agradecer o apoio durante a prisão, e trocaram presentes. Ele ganhou um rosário abençoado e deu a Francisco uma imagem do indígena Bejà Kayapó. No fim daquele mesmo mês, o petista voltou à Europa, desta vez acompanhado de Janja, para encontros políticos em Paris, Genebra e Berlim. Na capital alemã, a última parada, no dia 10 de março, Lula participou de um ato público, no qual se posicionou contra o impeachment de Bolsonaro. Ele também responsabilizou os Estados Unidos pelos 580 dias que passou na prisão. "O golpe que sofremos tem muito a ver com os interesses americanos pelo petróleo", acusou Lula, em discurso no evento, segundo reportagem do jornal alemão *Deutsche Welle*, em 11 de março de 2020. Nas redes, Janja intercalava declarações de amor, abraçada ao namorado — "Sob a lua em Berlim! Amor que aquece" —, e de apoio ao discurso do petista: "As palavras de coragem e esperança do Meu Bem aqueceram e animaram corações e mentes na noite fria de Berlim (...)".

No dia seguinte ao ato na capital alemã, a Organização Mundial da Saúde (OMS) declarou, oficialmente, a pandemia de Covid-19. Com todo mundo preso em casa, Lula passou a fazer lives da cozinha do sobrado onde morava. Janja atuava nos bastidores, apoiando Ricardo Stuckert, que conduzia a transmissão pela internet. "Hoje teve entrevista do Meu Bem, da minha cozinha direto para a Alemanha. Stukinha pilotando as câmeras e mantendo distância", comentou no Twitter em 24 de março de 2020.

Nas redes sociais, Janja publicava fotos do cotidiano do casal: "Aqui em casa, nessa quarentena, ele também vai para o fogão. Espero que todos estejam bem e se cuidando". Em junho, o escritor Fernando Morais postou foto do ex-presidente de camisa regata vermelha, dando murros em um saco de boxe, e escreveu: "Lula está no ringue. Durante o confinamento, Lula faz lives, dá entrevistas para o Brasil e o exterior, participa de reuniões políticas com partidos e movimentos sociais. Para permanecer em forma e aliviar as tensões, faz esteira, puxa ferro e treina boxe". Nos comentários, Janja completou: "E namora comigo", seguido de um coraçãozinho.

No primeiro ano de pandemia, Janja se manteve distante dos holofotes; apareceu apenas duas vezes em frente às câmeras. No início de abril de 2020, numa live organizada pelo MST, Lula a chamou para sentar-se ao seu lado, depois que Chico Buarque e sua mulher, Carol Proner, começaram a cantar "Assentamento", de autoria do compositor. Janja nada falou. No Dia dos Pais, 9 de agosto, Lula deu entrevista para Gustavo Conde e ela apareceu nos 20 minutos finais, a pedido do youtuber, que a questionou sobre a rotina do casal na quarentena. "Nosso dia a dia é isso. Café da manhã, ele me ajuda a lavar a louça, vou cuidar do almoço, ele vai fazer as entrevistas. E a gente vai passando o dia assim", disse Janja, que já demonstrava sua preocupação com a saúde do ex-presidente: "Ele trabalha sem parar e eu sempre ali: 'Dá uma desacelerada, cuida da voz, não grita'". No fim da live, a namorada falou das cartas trocadas e como aquele gesto "sustentou" o romance. "Namorar por cartas é muito gostoso. Ô, Conde, você já namorou por cartas?", perguntou Lula.

Apesar de atuar na sombra, Janja tinha o controle da agenda do marido e opinava sobre os pedidos de entrevistas. A de Conde só saiu depois do ok dela. "Resolvi agir. Deixei um recado para Janja dizendo que precisava falar urgente com Lula. (...) Janja me respondeu dando ok. Chega domingo e eu ligo. Após as trocas habituais de camaradagem e da preocupação de Janja comigo ('fiquei preocupada...'), eu desando a bronquear com o meu 'amigo': Vai ficar respondendo às mesmas perguntas, bicho? Não pode! Tem que trazer a dimensão do afeto, dos sentimentos que te tomaram na prisão! Para tudo! Vamos fazer uma entrevista, você e eu, para a gente falar tudo o que se tem direito e um pouco mais!", relatou Conde no texto de apresentação da entrevista em seu canal no YouTube.

A atitude discreta de Janja era um pedido do PT. Quando os dois se mudaram para São Bernardo, o partido tentou manter um controle mais restrito sobre a imagem deles. A jornalista Nicole Briones, que no Instituto Lula era responsável pelas redes sociais do petista antes e durante a prisão, temia que a presença de Janja fosse usada pelos bolsonaristas.

Em dezembro de 2020, porém, a socióloga começou a dar sinais de que não iria seguir aquele roteiro por muito tempo. No fim do mês, o casal viajou para Cuba com sete pessoas. Lula havia sido convidado para participar das gravações de um documentário sobre a América Latina, dirigido pelo cineasta norte-americano Oliver Stone. O grupo desembarcou na ilha no dia 21 e, cinco dias depois, todos foram diagnosticados com Covid, exceto Nicole Briones; ficaram isolados, sob vigilância sanitária.

O Brasil vivia a segunda onda da Covid. O número mensal de

mortes em dezembro ultrapassava 18 mil casos, maior que nos dois meses anteriores. O país já acumulava 186 mil óbitos após nove meses da decretação da pandemia. Sem vacinas disponíveis, aumentaram as restrições de circulação para reduzir a disseminação do vírus. A divulgação da viagem era tudo o que o PT não queria.

Janja, no entanto, publicou cinco posts, um dos quais com uma foto dos dois sorrindo, com Lula de óculos escuros e chapéu panamá. Ambos sem máscara. A imagem foi veiculada no mesmo dia da confirmação dos testes. Antes, ela havia feito uma foto da lua cheia assim que desceram na capital cubana e outra na praia, após uma corrida matinal. Nesta, Janja estava de máscara. "Viveremos e venceremos", escreveu no quarto post, no qual aparecia a imagem de sua mão com o punho fechado, diante de uma imagem de Che Guevara pintada em um prédio da capital cubana. Após a quarentena, já curada da Covid, ela publicou a última imagem em frente ao mar com cor verde-esmeralda, de braços levantados em meio a gaivotas: "Leve e feliz! A vida é mesmo surpreendente", seguido de um coração, a bandeira de Cuba e #gratidão. A foto foi tirada por Stuckert.

A comitiva de Lula voltou ao Brasil no dia 20 de janeiro de 2021, com exceção do escritor Fernando Morais, que permaneceu sob cuidados médicos por mais 14 dias devido a complicações pulmonares. O ex-presidente agradeceu aos cubanos pelo tratamento. "Sigo esperando minha vez na fila, com o braço à disposição para tomar assim que puder. E, enquanto todos não se vacinarem, vou continuar com máscara, sem aglomerações e passando muito álcool gel", escreveu em sua conta oficial no Twitter. Lula tomaria a primeira dose apenas em 13 de março de 2021 e Janja, em 15 de junho. "Vacinada!!! Não consegui segurar o choro lembrando de minha mãe. Chorei por ela e por quase 500 mil vidas perdidas. Muitas dessas que poderiam ter sido salvas se a ciência prevalecesse! Viva o SUS e seus valorosos profissionais da saúde. Gratidão", disse, sob uma foto na qual segurava um cartaz com a estrela do PT, e incluindo ainda "#vivaosus" e "#foragenocida", em referência a Bolsonaro. Até o fim de março de 2023, o Brasil havia registrado 700 mil vítimas fatais da Covid-19, o que posicionava o país como o segundo com maior número de mortes pela doença no mundo, atrás apenas dos Estados Unidos.

Em outubro de 2021, Janja postou a foto que trouxe ainda mais repercussão no período da quarentena: a da viagem do casal ao Ceará, na qual Lula, de sunga, abraçava-a por trás, deixando à mostra suas coxas bem torneadas. No mês seguinte, o casal voltou a Paris para uma nova agenda política. Lula foi recebido pelo presidente Emmanuel Macron, mas a namorada não pôde aparecer por decisão da assessoria do petista. Janja não gostou.

No mês seguinte, na viagem a Buenos Aires para o encontro com Alberto Fernández, ela foi apresentada ao presidente argentino assim que chegaram à Casa Rosada, diante da imprensa. Lula desceu do carro, abraçou Fernández e imediatamente disse: "Esta é a Janja". O argentino a cumprimentou com beijos e os três entraram juntos na sede do governo. "Os perfis de Lula passaram a compartilhar as publicações de Janja, curti-las e mencioná-las com frequência maior", conta a jornalista Thais Bilenky, em seu artigo sobre Janja para a revista *Piauí*. Mais tarde, Nicole Briones, que ao longo da Vigília fez parte do grupo apelidado pela socióloga de "panelinha", deixaria de ser responsável pelas mídias sociais de Lula. Foi demitida após perder a queda de braço com Janja. Daí para a frente, a socióloga só fez aumentar sua presença nos eventos da vida real e digital.

★

Em setembro de 2021, Lula e Janja deixaram São Bernardo do Campo para viver em São Paulo. Foi ela quem escolheu a casa, no Alto de Pinheiros, bairro nobre da Zona Oeste da capital paulista, com aluguel pago pelo PT. Na verdade, Janja queria morar no Rio de Janeiro, ideia imediatamente descartada pelo partido, por razões de segurança. Lula, por sua vez, manifestara o desejo de morar no Nordeste, mas foi convencido por amigos e pela direção do PT a aceitar viver num lugar em que fosse possível protegê-lo de forma mais eficiente.

O sobrado, de 700 metros quadrados, tem quatro suítes e amplas salas, uma biblioteca que funciona como escritório, varanda, jardim, churrasqueira e piscina. Os vizinhos, como é comum hoje, mantêm um grupo de WhatsApp para monitorar a segurança do local. Mas logo bolsonaristas do grupo passaram a espalhar fake news de que Lula estaria construindo uma mansão luxuosíssima perto dali. Os dois moraram nessa casa até o fim de 2022, quando se transferiram para Brasília, já na transição de governo. Mas decidiram mantê-la.

O perfil publicado pela *Piauí* relata que Janja tinha uma vida "praticamente anônima" no novo endereço: "Levava Resistência para passear, fazia supermercado, quase sempre desacompanhada, e frequentava o salão de beleza". A socióloga também costumava ir ao restaurante Camélia Òdòdó, da chef Bela Gil, na Vila Madalena. A advogada Gabriela Araujo, mulher do petista Emidio de Souza — donos da casa em Maresias na qual Janja e Lula se hospedaram em sua primeira viagem romântica —, contou que, nos fins de semana, costumavam ir juntas ao Shopping Iguatemi, um dos mais luxuosos de São Paulo, ou faziam churrasco em casa. A socióloga, com seu espírito cuidador, sempre providenciava alguma coisa vegetariana para a amiga, que não come carne.

A mudança de São Bernardo do Campo para São Paulo, que Janja insistiu para Lula aceitar, gerou críticas. Muita gente não aprovou que ele deixasse a cidade onde viveu praticamente toda a vida. Dona Lindu, Lula e os irmãos mudaram-se do agreste pernambucano para a Baixada Santista em 1952. Três anos depois, a família foi morar na Vila Carioca, distrito do Ipiranga, na divisa das cidades que se tornariam o ABC. Foi em São Bernardo do Campo que Lula se tornou líder sindical e onde nasceu o Partido dos Trabalhadores.

Amigos daqueles tempos, que nunca deixaram o ABC, lamentaram a mudança. Entre eles, Djalma Bom, fundador do PT. Aos 89 anos, ele e outros velhos companheiros de Lula protagonizaram uma das mais tocantes cenas da Vigília Lula Livre. Num ônibus do Sindicato dos Metalúrgicos, eles foram a Curitiba e exibiram no acampamento o documentário *Linha de montagem*, de Renato Tapajós, que retrata o movimento sindical no ABC entre março de 1979 e julho de 1981, período em que as assembleias chegaram a reunir cem mil operários no Estádio de Vila Euclides. Após o filme, o grupo conversou por horas com jovens militantes ali presentes.

Com a mudança para o Alto de Pinheiros, Lula e Janja tornaram-se vizinhos de porta do casal Marco Aurélio de Carvalho, advogado, e Alessandra Gaspar, formada em Relações Internacionais. Carvalho filiou-se ao PT com 16 anos e coordena o Prerrogativas, grupo que reúne advogados em defesa da democracia e que atuou fortemente pela libertação de Lula. Para ele, Janja "é um ativo que mantém os ânimos e a resistência com descontração e firmeza", segundo contou à revista *Piauí*.

Os filhos de Lula preferiram não comentar sobre a mudança para São Paulo. Apenas Luís Cláudio, o caçula, disse à jornalista Thais Bilenky, de forma lacônica: "Quem tem que responder é meu pai. Melhor perguntar para ele, não vou falar nem que sim nem que não. Não é meu assunto". Na verdade, os três filhos de Lula com Marisa Letícia — Fábio Luís, Sandro Luís e Luís Cláudio — moram em São Paulo. Somente Marcos Cláudio, filho de Marisa Letícia que Lula adotou, continua em São Bernardo. Lurian, fruto do relacionamento de Lula com Miriam Cordeiro, mudou-se para Sergipe.

Dos filhos, a primogênita de Lula é a mais próxima de Janja. O primeiro post que a socióloga publicou com Lurian, no Instagram, foi em 24 de outubro de 2018. Elas aparecem abraçadas. "É família que chama, né???? Muito amor já no meu coração. Estamos aqui te esperando", disse Janja. Em 7 de abril de 2019, elas cantaram juntas, ao lado de Luciana Worms e Rogéria Holtz, em um dos shows da Vigília.

Lurian, jornalista, nascida em 1974, mostrou que aprova sem restrições o relacionamento do pai com Janja. No dia do casamento dos dois, ela comentou no Instagram: "Ontem, vivenciei um dos dias mais emocionantes da minha vida... Um dia onde o ciclo de dor e ódio parecia se fechar, porque finalmente o amor venceu! @janjalula transbordava felicidade, meu pai @lulaoficial transbordava emoção. E nós, familiares e amigos, sentíamos os fragmentos desse sentimento tão lindo! Cada detalhe foi construído em cima dessa história linda, de amor, lealdade e companheirismo. Pai, Janja, amo vocês. Obrigada, Janja, por dar ao meu pai felicidade, segurança, amor e cumplicidade. Obrigada, pai, por mostrar que é possível ser feliz, e que o amor é o ingrediente principal no processo de cura, equilíbrio, renascimento e perseverança. Vocês merecem toda a felicidade do mundo...".

Já Luís Cláudio optou por homenagear a mãe com um post no Instagram no dia da posse de Lula. "Dona Marisa Letícia! A senhora merecia estar aqui para presenciar esse momento. Seu marido e seus filhos deram a volta por cima, com certeza graças ao seu apoio! A senhora faz uma falta danada e será sempre lembrada. Viva Dona Marisa", escreveu sob uma foto de Lula e Marisa na posse dele em 2003. O caçula já havia publicado, após a vitória de Lula no segundo turno, uma homenagem à mãe: "Se tem alguém que merecia estar aqui presenciando esse momento era minha mãe! Por isso, faço questão de andar com ela no peito. Saudades sem fim". Único dos filhos homens que publica frequentemente no Instagram, aberto aos seguidores, Luís Cláudio postou uma foto da família no último Réveillon, com o patriarca, irmãos, esposas e netos. Janja não aparece.

# 8

O CASAMENTO

Os convidados do casamento de Janja e Lula, no Espaço Bisutti, no Brooklin, bairro na divisa entre as zonas Oeste e Sul de São Paulo, encontraram lenços de papel nas mesas, com uma singela mensagem: "Para o caso de cair um cisco no seu olho". E foram úteis, já que cada detalhe da cerimônia, restrita a 200 pessoas, tinha sido cuidadosamente pensado por Janja para emocionar. Até a data, 18 de maio de 2022, foi escolhida de olho no céu: era lua cheia.

Lula, que não dava muita importância à formalização da união, chegou às 18h25, num carro preto com vidros escuros, e usou a entrada de serviço; vestia terno azul, na tonalidade royal, feito pelo alfaiate Alexandre Won. Estava sem gravata e com uma rosa vermelha na lapela. Janja manteve a tradição: chegou uma hora depois do noivo, às 19h27, com um vestido assinado pela estilista Helô Rocha em tom *off-white*, com desenhos de cactos, estrelas (símbolo do PT), lua e flores, feitos por bordadeiras de Timbaúba dos Batistas, na região do Seridó no Rio Grande do Norte. "Em meio às estrelas do 'Luar do sertão', uma única estrela vermelha. Foi um carinho ao Partido que amamos", escreveu Janja, em seu Twitter, sob a foto de um detalhe no vestido: uma pedrinha vermelha no miolo de uma estrela. Os mesmos estilistas seriam chamados para fazer as roupas de Lula e Janja na posse de 1º de janeiro de 2023.

Nenhum dos dois falou com os jornalistas de plantão na porta do Espaço Bisutti, sob uma temperatura de 10 graus. Os convidados não puderam levar celulares ao recinto. Lula entrou ao lado de um neto, que usava um terno na mesma cor, azul, e uma lapela com uma rosa vermelha, seguidos por duas meninas, uma delas também neta do noivo.

A campanha oficial à Presidência da República só começaria na segunda metade de agosto, mas Janja já mostrara força e influência no pré-lançamento da chapa Lula-Geraldo Alckmin, no dia 7 de maio: além do petista e do candidato a vice, ela foi a única a discursar no evento, e surpreendeu ao presentear Lula com a exibição de um vídeo com uma nova versão do clássico jingle "Sem medo de ser feliz", composto pelo potiguar Hilton Acioli para a campanha de 1989. A regravação teve participação de Pabllo Vittar, Chico César, Duda Beat, Paulo Miklos, entre outros.

Mas o marco inicial da estratégia construída pelo casal, resumida na frase "o amor venceu o ódio", seria o casamento deles. Desde a Vigília, Janja usava em seus posts #oamorvencerá. Após a libertação de Lula, trocou o tempo verbal para "venceu". Os convidados levaram como lembrança da cerimônia a frase bordada numa peça pelas mesmas artesãs de Timbaúba dos Batistas.

O casamento dominou as redes sociais e o noticiário desde que foi anunciado. Os proclamas foram publicados numa data também escolhida com cuidado: 1º de maio, Dia Mundial do Trabalho, no jornal *Gazeta do ABCD*, região onde Lula viveu por mais de quatro décadas. Colunistas sociais e de política disputavam notinhas exclusivas sobre o evento.

Na quinta-feira, dia seguinte à cerimônia, Lula ultrapassou Bolsonaro nos assuntos mais procurados na rede. Segundo o Google Trends, na véspera do casório, os dois estavam empatados. No dia, o placar foi de 56 para o petista contra 37 do então presidente. Já no dia seguinte, quando as notícias com detalhes da festa começaram a circular mais amplamente, Lula deu um salto e bateu os 100 pontos máximos do índice, enquanto Bolsonaro estacionou nos 35.

O convite impresso foi distribuído com antecedência, com o pedido de que os convidados estivessem na capital paulista no dia 18, e prontos às 19h. O local exato só seria informado no próprio dia, por mensagem de celular, às 13h13. Mesmo com tantos cuidados, o nome da casa de festas foi descoberto antes. Nada que comprometesse a comemoração, a não ser a presença de um penetra, que acabou expulso.

O sonho de Janja era ter Chico Buarque e Carol Proner como padrinhos, mas o casal tinha compromissos no exterior. Os noivos, então, optaram por não ter padrinhos. Janja entrou sozinha. O bispo emérito de Blumenau (SC), dom Angélico Sândalo, que conhece Lula desde os anos 1970, foi o celebrante. "Como é importante (...) que nós realmente vivamos este momento com o coração aberto, e como precisamos de um oásis como este para nos robustecer do amor e gritarmos, perseverantemente, que nós queremos um mundo, e um

Brasil de maneira particularmente especial, marcado não por armas e sim por amor", disse o sacerdote, que também oficiou no Sindicato dos Metalúrgicos do ABC, horas antes da prisão de Lula, a missa em intenção de Marisa Letícia, que faria 68 anos naquele dia 7 de abril.

O sacramento do matrimônio durou cerca de 30 minutos. "Janja não parou de chorar no altar um minuto. Na hora que Lula fez os votos, ela chorou discretamente. Mas, na vez dela, chorava igual a um bebê, perdia o fôlego. Deve ter passado um filme na cabeça dela", conta a amiga Luciana Worms. Lula também chorou muito. A amiga e cantora Rogéria Holtz, que se apresentou na cerimônia e na festa, esperou até 1º de junho para publicar um post emocionado no Facebook: "Faço questão de contar! Sim, eu cantei no casamento de Janja e do Lula!!! Tenho que repetir para mim mesma... Na Vigília, ela sempre repetia que eu iria cantar no casamento dela, e assim foi". Inicialmente, a ideia era fazer um pocket show, mas ela e os músicos acabaram embalando também a cerimônia.

A trilha sonora do casamento incluiu "Disparada", grande sucesso entre as canções de protesto dos anos 1960 e um hit na Vigília Lula Livre. "Foi uma comoção!!!", escreveu Rogéria. Em seguida, exibiu-se um vídeo sobre as mulheres que bordaram o vestido da noiva, inspirado, segundo elas, no brilho da lua na roça. No fim do vídeo, os músicos tocaram "Luar do sertão". "Foi um momento único, fomos o centro das atenções. Janja e Lula me olhavam fixamente e choravam a cada verso que eu cantava. Jamais vou esquecer daquele momento", relatou a cantora. Janja subiu ao palco para cantar "Amor de índio", no arranjo consagrado por Gabriel Sater na novela *Pantanal*, da TV Globo — Janja e Lula são noveleiros assumidos.

A participação de Rogéria e dos músicos se encerrou com o samba "Tá escrito", e aí virou baile. "Você é maravilhosa. Só posso agradecer a você e aos meninos por participarem desse momento especial para nós. Foi só emoção e felicidade", agradeceu a socióloga à cantora em um comentário no Twitter. O casal deixou o Espaço Bisutti à 0h15, mas a festa seguiu até 3h30, com os convidados animados, basicamente, por música brasileira, como o pagode "Cheia de manias", do Raça Negra, e sucessos de Anitta: "Show das poderosas" e "Vai malandra". A funkeira, aliás, declararia seu apoio a Lula meses depois, por meio de articulação feita pela mulher do petista.

A lista de convidados foi eclética. Pelo lado dos políticos, estavam Fernando Haddad, Gleisi Hoffmann, Marcelo Freixo, Rui Costa, Geraldo Alckmin, Marta Suplicy e Dilma Rousseff. O encontro das duas, aliás, virou uma saia justa: elas não trocaram uma palavra durante toda a noite. A ex-petista, e agora no MDB, votou pelo impeachment de Dilma. No grupo dos artistas, compareceram Gilberto Gil, Flora e Bela, o humorista Paulo Vieira, o ator Antonio Pitanga e as cantoras Maria Rita, Daniela Mercury, Teresa Cristina e Duda Beat, além do ex-BBB Gil do Vigor.

Entre os convidados, também estava o empresário Omar Monteiro Jr., dono do boteco carioca Bar do Omar. Localizado no Morro do Pinto, na zona portuária do Rio, o lugar ganhou fama ao se posicionar politicamente em defesa de Lula e contra o então ministro Sergio Moro. Omar, que administra o boteco com a família, chegou a mandar uma carta de apoio ao petista em 2019, quando ele estava preso. E recebeu a resposta: "Um dia estarei livre e irei ao seu encontro no seu bar tomar uma cerveja e uma bela cachaça". Até a publicação deste livro, Lula ainda não havia cumprido a promessa. Janja já esteve duas vezes por lá, assim como o fotógrafo oficial Ricardo Stuckert.

Segundo o jornalista Aydano André Motta, a opção progressista partiu do primogênito do seu Omar, num momento difícil. O pai sofrera um infarto em abril de 2018, obrigando o filho a sair do emprego, obtido graças ao Programa Universidade para Todos, o Prouni, que concede bolsas de estudos a pobres em universidades particulares, criado pelo petista em seu primeiro mandato. "Numa noite de movimento fraco, enquanto fechava, Omar filho, triste, postou uma foto do ídolo petista no Instagram e escreveu: 'Estamos com Lula e vamos com ele até o fim'", contou o jornalista na *Revista Rio Já*, na reportagem "A catedral etílica de esquerda", em 21 de setembro de 2022.

A trilha sonora que conduziu a cerimônia e a festa de casamento foi um roteiro muito bem planejado por Janja:

Cerimônia religiosa
- "Espere por mim, morena" (Gonzaguinha), na entrada de Lula
- "Fico assim sem você" (Claudinho e Buchecha), na entrada das crianças
- "Ave-Maria" (Charles Gounod), no cavaquinho, ao estilo da gravação de Jorge Aragão, na entrada de Janja
- "Aliança" (Carlinhos Brown, Marisa Monte, Arnaldo Antunes, Pretinho da Serrinha e Pedro Baby), na troca de alianças
- "Amor de índio" (Beto Guedes e Ronaldo Bastos), instrumental
- "Pelo tempo que durar" (Marisa Monte e Adriana Calcanhoto), instrumental
- "Mais feliz" (Toninho Geraes), na saída dos noivos

Festa
- "O que é o amor" (Maurício da Silva Quintão, Frederico Fagundes, Fernandes Camacho e Arlindo Cruz), na entrada dos noivos no salão
- "Disparada" (Geraldo Vandré e Theo de Barros)
- "Amor de índio" (Beto Guedes e Ronaldo Bastos), cantada por Janja
- "Tá escrito" (Xande de Pilares, Carlos Rodrigues e Gilson Bernini)

★

Com a aliança na mão esquerda, o papel de Janja na campanha, principalmente nas redes sociais e nos eventos públicos, ganhou ainda mais destaque. Chamava a atenção o cuidado com Lula: ela chegava ao extremo de protegê-lo com o corpo em meio à multidão. Em Natal, no Rio Grande do Norte, acompanhado da governadora petista Fátima Bezerra, ele visitava uma feira de agricultura familiar quando foi agarrado por vários militantes. Janja se irritou e pediu que a visita fosse interrompida, deixando correligionários contrariados. Não tinha jeito: nessas horas, ela virava uma leoa e dava bronca na segurança. A partir do incidente, o acesso a Lula tornou-se mais controlado.

A participação de Janja nos programas de rádio e TV do horário eleitoral não foi prevista. Mas, no início de setembro, ela entrou no ar falando às mulheres, dias depois da então primeira-dama, Michelle Bolsonaro, dar um depoimento no programa do marido, que sofria grande rejeição do eleitorado feminino. "Sabemos das dificuldades que nós, mulheres, enfrentamos atualmente. São milhões de mulheres endividadas para poder levar alimentos para suas famílias. São mães que perderam suas casas e que hoje dormem com seus filhos nas ruas. Mudar essa realidade é uma luta de todos nós", disse, no programa de Lula.

Janja e Michelle travaram embates, principalmente nas redes sociais. Em 9 de agosto de 2022, antes do início oficial da campanha, a mulher de Bolsonaro publicou um vídeo do ano anterior em que Lula recebia um banho de pipoca na Assembleia Legislativa da Bahia. Era um ritual de benção e proteção da umbanda e do candomblé. Michelle comentou: "Isso pode, né? Eu falar de Deus não…". Janja retrucou de maneira indireta, sem citá-la. "Aprendi que Deus é sinônimo de amor, compaixão e, sobretudo, de paz e de respeito. Não importa qual a religião e qual o credo. A minha vida e a do meu marido sempre foram e sempre serão pautadas por esses princípios". Na sequência, bolsonaristas espalharam uma imagem da mulher de Lula junto a figuras de orixás, publicada por Janja no Twitter em fevereiro de 2021, com o comentário: "Saudades de vestir branco e girar, girar, girar…". Ao associar Janja a religiões afro-brasileiras, Bolsonaro tentava aumentar a rejeição do petista entre os evangélicos, especialmente entre as mulheres.

Nas comemorações do Sete de Setembro, Bolsonaro voltou suas baterias contra a mulher de Lula. Em discurso em Brasília, depois da parada militar, ele pediu aos eleitores que comparassem as primeiras-damas, e recomendou aos homens solteiros que procurassem "uma princesa" para se casar. Criticado por usar os festejos dos 200 anos da Independência em sua campanha eleitoral, Bolsonaro ainda cometeria mais uma de suas grosserias machistas: rindo, puxou o coro de "imbroxável", atitude que teria forte repercussão negativa, inclusive na imprensa internacional.

Janja não deixou barato. No dia seguinte, num comício em Nova Iguaçu, na Baixada Fluminense, ela disse aos militantes: "Eu queria pedir para vocês acenderem as luzes dos celulares para ver se veem alguma princesa por aí ou por aqui. Não tem! Sabe por quê? Porque aqui só tem mulher de luta!".

★

No submundo das redes bolsonaristas, um personagem ressurgiu na campanha eleitoral: Valter Sâmara, fazendeiro, dono de um cartório de protesto de títulos em Ponta Grossa (PR), que começou a vida vendendo velas na porta do cemitério da cidade e se tornou lobista em Brasília. Os apoiadores do capitão resgataram uma matéria da revista *Crusoé*, de perfil editorial antipetista, publicada em janeiro de 2020, sobre o caso Celso Daniel, prefeito de Santo André (SP), assassinado em 2002. Em um trecho da reportagem, Sâmara afirma que o romance de Janja e Lula teria começado antes da morte de Marisa Letícia. O fazendeiro dizia ainda que, a pedido de um assessor de Lula, foi fiador de um apartamento alugado pela socióloga em Curitiba e que, por conta disso, teve que pagar R$ 50 mil referentes a seis meses de aluguel atrasado e ainda reformar o imóvel antes de devolvê-lo ao proprietário.

Os autores deste livro tentaram, sem êxito, contato com a assessoria de Janja, para entrevistá-la. Por telefone, Sâmara confirmou a história aos autores, mas disse não se lembrar onde guardara os documentos referentes ao aluguel do imóvel, tampouco exibiu provas de que o romance de Lula e Janja começou antes de dezembro de 2017: "Não falei nada com leviandade. Tudo que eu disse é correto, mas não quero mais mexer nisso. O que tinha que falar eu já falei e não quero me envolver mais". A campanha de Bolsonaro não explorou oficialmente o assunto, mas há reportagens sobre as declarações do fazendeiro em sites bolsonaristas. A foto de uma mulher com pernas de fora, que se passa por Janja, acompanhada de uma voz feminina em off sobre o relato da suposta traição, também circularam em grupos de WhatsApp. Tratava-se de uma montagem tosca.

As referências a Sâmara no noticiário político são acompanhadas do aposto "amigo do Lula". As primeiras matérias sobre ele, publicadas no jornal *O Estado de S.Paulo* no início dos anos 2000, já traziam tal qualificação. Em outras reportagens, o fazendeiro aparecia como "amigo de Marisa", a então mulher do presidente. Na imprensa, porém, não há textos publicados que explorem detalhes da relação do fazendeiro com Lula e Marisa. À *Crusoé*, Sâmara disse que costumava jogar baralho com a então primeira-dama, hobby que ela adorava. Ao jornal *Gazeta do Povo*, do Paraná, em janeiro de 2007, o fazendeiro contou que desistiu de ser candidato a deputado federal pelo PTB para coordenar a campanha do candidato petista à Presidência da República em Goiás e no Mato Grosso. Em 2008, à *Folha de S.Paulo*, disse sobre Lula: "É meu irmão, meu grande amigo, uma pessoa que admiro e com quem converso muito. Antes de ser presidente, ele se hospedou muito em meu sítio em Morretes, em minha fazenda em Goiás e em minha casa em Ponta Grossa".

Sâmara sempre atuou nas sombras. Ainda no início do primeiro governo Lula, como diretor da Associação dos Notários e Registradores do Brasil (Anoreg), coordenou uma ação no Congresso que o interessava diretamente: a apresentação de uma proposta de emenda constitucional (PEC) para efetivar titulares de cartórios sem concurso público, que beneficiaria cinco mil tabeliões interinos pelo critério de hereditariedade, como era o caso dele. A PEC 471 foi apresentada pelo deputado João Matos (PMDB-SC) em 20 de outubro de 2005, mas até hoje não foi votada, apesar de vários requerimentos pedindo sua inclusão na ordem do dia.

Sâmara é uma figura excêntrica. Costuma aparecer sempre com um chapéu de caubói, herança do tempo em que viveu no Texas nos anos 1970, que lhe rendeu o apelido de "chapeludo". Além de lobista, cartorário, "amigo do Lula e da Marisa", ele já foi dono do jornal *O Portal*, de Ponta Grossa, e participou da campanha do general Lino Oviedo à Presidência do Paraguai. Oviedo, que morreu em fevereiro de 2013, foi condenado pela Justiça do seu país a dez anos de cadeia por tentativa de golpe de Estado nos anos 1990. O militar fugiu para a Argentina e depois para o Brasil, onde viveu até ser preso em Foz do Iguaçu, em 2000.

★

Se não há provas do envolvimento de Lula com Janja antes de 2017, o mesmo não se pode dizer da sua fama de mulherengo no passado. Camilo Vannuchi conta, na biografia de Marisa, que a então primeira-dama mantinha o silêncio e a discrição ao saber de casos amorosos ou de rumores da infidelidade do marido: "Agia, segundo as amigas, como se o simples fato de Lula saber que ela tomara conhecimento de uma traição — ou de um boato de traição — bastasse para que o marido assumisse uma postura constrangida, mais amorosa, como se estivesse em dívida com ela. Não precisava verbalizar".

Apenas um relacionamento extraconjugal de Lula a tirou do sério: com Rosemary Noronha, que chefiou o gabinete do escritório regional da Presidência em São Paulo. O caso veio à tona durante as investigações da Operação Porto Seguro, deflagrada pela Polícia Federal em novembro de 2012, contra um esquema de formação de quadrilha, tráfico de influência e corrupção ativa e passiva envolvendo 23 pessoas, entre os quais servidores de agências reguladoras, do Ministério da Educação e da Advocacia Geral da União. Rose seria exonerada por Dilma após a denúncia.

Lula e Rosemary se relacionaram a partir do início dos anos 1990. Os dois se conheceram numa agência bancária no Centro de São Paulo, onde ela trabalhava. Segundo a irmã, Sônia Nóvoa, Lula a levava a viagens ao exterior, inclusive como presidente. "Ela me chamava para os jantares românticos com o Lula. E eu ia. Eu até consegui convites para shows do Roberto Carlos e do Roupa Nova. Só pude assistir porque minha irmã me convidava", contou Sônia em entrevista à revista *IstoÉ*, em janeiro de 2019.

Nas investigações da PF, Rosemary era conhecida como "a namorada de Lula", quase uma segunda-dama, segundo Camilo Vannuchi. "O acesso facilitado ao presidente fizera dela uma espécie de lobista em posição privilegiada, sempre segundo a denúncia.

E uma companhia frequente em viagens internacionais. Segundo levantamento feito pela ONG Contas Abertas, divulgado na *Veja*, esteve em 24 países na comitiva do ex-presidente entre 2003 e 2010, em ocasiões nas quais Marisa permanecia em Brasília ou em São Bernardo", afirma o jornalista.

Publicamente, Marisa nunca comentou o assunto. Em seu livro, Vannuchi descreve um diálogo entre a então primeira-dama e uma amiga próxima, que a procurou para prestar solidariedade quando o caso veio à tona:

— *Minha mágoa é que ele deveria ter desmentido* — Marisa respondeu.

— *Não adianta desmentir, Marisa* — disse a amiga, que tentou pôr panos quentes. — *É melhor ignorar. Senão, cria uma bola de neve que não acaba nunca. A gente não sabe nem se é verdade.*

— *É claro que é verdade* — Marisa assentiu, machucada.

O comportamento de Lula, embora não se justifique, se explica por sua formação no ambiente sindical e machista dos anos 1970. No livro *Os motéis e o poder*, mostramos a história dos "cigarras", relatada pela revista *Veja*, em julho de 1973, que se resumia na invasão de homens casados a boates de prostituição das grandes capitais durante o período de férias escolares dos filhos. A família viajava para veranear, enquanto o marido ficava sozinho na cidade, trabalhando e aproveitando as horas vagas em inferninhos. Em cinco páginas, a revista descrevia o fenômeno dos "cigarras", fornecendo preços de programas, número estimado de prostitutas nas cidades e o lucro das boates, sem condenar o comportamento masculino. O que mais chocou os editores da revista foi a quantidade de uísque falso vendido nas casas noturnas.

★

A simpatia e o dom da articulação de Janja, que já haviam surpreendido colegas na Eletrobras, foram importantes na campanha do petista. A estratégia adotada pelo casal, de contrapor o amor — o que os uniu e o que sentiam pelo Brasil — ao ódio e às fake news, foi impulsionada pelo cansaço de metade dos brasileiros, especialmente das mulheres, com os quatro anos de Bolsonaro na Presidência. A socióloga conseguiu atrair a classe artística e os intelectuais, desprezados pelo governo. A seis dias do primeiro turno, em 26 de setembro, Janja organizou o que foi chamada de "superlive" no Centro de Convenções do Anhembi. Era parte de um esforço para liquidar a fatura no primeiro turno.

Ela reuniu no mesmo palco Gilberto Gil, Caetano Veloso, Chico Buarque, Pabllo Vittar, Paulo Miklos, Daniela Mercury, Paulo Vieira, Emicida, Margareth Menezes, Duda Beat, Walter Casagrande, Djamila Ribeiro, Itamar Vieira Júnior, Lilia Schwarcz, Silvio Almeida, Johnny Hooker, Fabiana Cozza, Vladimir Brichta, Julia Lemmertz e Cláudia Abreu. E conseguiu vídeos de apoio a Lula de atores hollywoodianos, como Mark Ruffalo e Danny Glover, e do músico Roger Waters, do Pink Floyd.

Com seu jeito extrovertido e roupas informais, Janja ajudou a rejuvenescer a imagem do partido. Embora pudesse parecer brincadeira aos desavisados, abusou dos vídeos de tom mais leve nas redes sociais, que se contrapunham às postagens bolsonaristas, repletas de acusações, grosserias e ataques enraivecidos. Era, também na linguagem do século XXI, uma campanha do bom humor contra os maus bofes do adversário. O papel de fazer o "trabalho sujo", de confrontar os bolsonaristas nas redes sociais com as mesmas armas, foi entregue ao deputado federal André Janones (Avante-MG).

Pouco antes do início oficial da campanha, em agosto, Janja abriu sua conta no Instagram e passou a fazer posts diários. De pouco menos de 41 mil seguidores, fechou 2022 com quase dois milhões. No Twitter, Janja já mantinha uma conta, também muito ativa. Nela, reproduzia fotos de um Lula mais brincalhão. "Esse meu Boy é uma figura", escreveu em 21 de abril de 2022, comentando uma imagem de Lula com óculos do modelo juliet, de armação metálica e lentes espelhadas, muito popular entre jovens e cantores de rap. Dois dias depois, o perfil de Lula publicaria a foto do candidato com o acessório.

O casal também entrou no TikTok. A equipe digital da campanha corrigiu o erro de achar que esta era uma rede social voltada apenas a adolescentes desinteressados por política. O primeiro post no perfil de Lula, no dia 20 de junho, foi exatamente um vídeo de Janja entoando o jingle "Sem medo de ser feliz", num comício em Natal. Ao fundo, as imagens da multidão eufórica. Lula estreou no aplicativo chinês oito meses depois de Bolsonaro.

Se, por um lado, a proatividade de Janja atraía potenciais eleitores sem apetite para a velha política, também causou estranhamento entre as lideranças petistas, ciosas do controle no entorno de Lula. Desde o início, ela buscava participar de todas as reuniões da cúpula da campanha, opinando inclusive sobre as peças publicitárias. Acusada de invasiva, não se importou; manifestava-se sem impor sua visão.

Os críticos, porém, não consideraram — ou não quiseram considerar — um ponto essencial: os 40 anos de militância partidária de Janja. A menina de 17 anos que se filiou ao PT em 1983 jamais deixou de fazer política. Era um "ser político", como a definiu o coordenador do MST no Paraná, Roberto Baggio. A "petista de carteirinha" estava ali não apenas como mulher de Lula, mas também para exercer o papel de estrategista da campanha. O jogo foi, claro, combinado com o marido. Poucos petistas tinham abertura para questionar as sugestões de Janja diretamente com o candidato — e o mesmo se viu após a eleição.

A capacidade de negociação política da socióloga já fora colocada à mostra ainda na pré-campanha. Como relatou Thais Bilenky, na *Piauí*, Janja teve um papel fundamental em um encontro na casa do ex-governador de São Paulo Márcio França (PSB), em julho de 2022, para fechar o acordo que garantiria a desistência do pessebista em favor de Fernando Haddad na disputa ao governo estadual. Depois de Lúcia, mulher de França, lembrar de um acordo dos anos 1990 não cumprido pelo PT, que previa o apoio à candidatura do marido à Prefeitura de São Vicente, a socióloga interveio: "Já que você falou, também vou falar. De mulher para mulher", disse Janja, segundo a *Piauí*. E garantiu que o acordo seria, sim, cumprido. O PT manteve o apoio à candidatura de Márcio França ao Senado e Lúcia França tornou-se candidata a vice-governadora na chapa de

Haddad. Quando se bateu o martelo sobre a formação da chapa, Janja mandou uma mensagem parabenizando a candidata.

No segundo turno presidencial, foi também Janja quem tomou a iniciativa de ligar para Simone Tebet, terceira colocada no primeiro turno. Após falar rapidamente com a então senadora, passou o telefone para Lula. Dias depois, a parlamentar do MDB mergulhou na campanha do petista ao lado de Marina Silva. O apoio de Simone foi essencial para a conquista de votos de eleitores de centro na vitória apertada do petista.

A sensibilidade política e a assertividade de Janja surpreendem quem não a conhece. No calor dos ataques bolsonaristas de 8 de janeiro de 2023, ela estava ao lado de Lula, em Araraquara (SP), quando o ministro da Defesa, José Múcio, ligou. O presidente ouvia, no viva-voz, o relato das barbaridades dos golpistas e Múcio sugeriu a decretação de Garantia da Lei e da Ordem (GLO). Com isso, o controle da situação passaria à responsabilidade dos militares. Janja reagiu com indignação: "GLO não! GLO é golpe! É golpe!". O presidente decidiu, então, baixar um decreto de intervenção na Segurança do Distrito Federal, com um civil no controle. Em 133 anos de República, o país nunca tinha visto uma primeira-dama com tamanha capacidade de ação política.

NO **CORAÇÃO** DO **PODER**

Jair Bolsonaro tinha apenas nove meses de mandato quando subiu ao púlpito no plenário das Nações Unidas, em Nova York, para falar na 74ª Assembleia Geral da entidade. Era a sua primeira participação e caberia a ele, como tradicionalmente ocorre à delegação brasileira, abrir a sessão de discursos. O então presidente anunciava ao mundo que nascia um "novo Brasil", depois de "estar à beira do socialismo". Na fala do capitão, no auge de sua popularidade, o fantasma de uma cubanização — ou venezuelização — do Brasil misturava-se com a ameaça à soberania nacional sobre a floresta amazônica: "É uma falácia dizer que a Amazônia é patrimônio da humanidade e um equívoco". Em seguida, pôs-se a atacar o cacique Raoni, internacionalmente conhecido por sua luta pela preservação do bioma e dos povos indígenas: "Muitas vezes alguns desses líderes, como o cacique Raoni, são usados como peça de manobra por governos estrangeiros na sua guerra informacional para avançar seus interesses na Amazônia", disse. Não, não estávamos nos anos 1960, mas na manhã de 24 de setembro de 2019.

O discurso de Bolsonaro foi também uma estocada no presidente francês Emmanuel Macron, que, um mês antes, cobrara o governo brasileiro pelo aumento das queimadas na Amazônia. Em abril, Macron tinha irritado Bolsonaro ao tuitar que convocaria uma reunião do G7 para discutir o problema. Nessa ocasião, Bolsonaro provocou uma crise diplomática ao ofender Brigitte, mulher do presidente. Ele reagiu a um seguidor no Twitter que postou a foto da primeira-dama francesa ao lado de Michelle, afirmando que Macron perseguia Bolsonaro por inveja. "Não humilha cara. Kkkkkkk", escreveu o brasileiro, apoiado pelo ministro da Economia, Paulo Guedes, ampliando a repercussão internacional da grosseria.

O aumento das queimadas na Amazônia levaria o próprio Raoni, em janeiro de 2021, a entrar com um pedido de investigação contra Bolsonaro no Tribunal Penal Internacional de Haia. O capitão terminou seu mandato sem ser responsabilizado, apesar de a região ter registrado a maior destruição dos últimos 15 anos, de acordo com levantamento do Instituto do Homem e Meio Ambiente da Amazônia (Imazon). Foram desmatados 10.573 km^2 de floresta em 2022, o equivalente a três mil campos de futebol por dia. Nos quatro anos de Bolsonaro, atingiu 35.193 km^2, área maior do que a do estado de Alagoas e superior em 150% ao desmatamento dos quatro anos anteriores.

O nonagenário cacique voltaria à cena nacional na cerimônia de posse de Lula, em janeiro de 2023. Com cocar e um crachá todo feito de miçangas, Raoni subiu a rampa do Planalto de mãos dadas com o petista, ao lado de Janja, de diversos representantes do povo e da cadela Resistência. Em um dos momentos mais emocionantes da posse, Lula recebeu a faixa das mãos da catadora de papel Aline Souza, de 33 anos, que trabalha com reciclagem de material desde os 14, assim como a mãe e a avó materna.

Além de ter sido a responsável por levar representantes de minorias e de maiorias silenciadas para subirem a rampa com Lula, Janja concebeu o show com dezenas de artistas, batizado de Festival do Futuro, o Lulapalooza, e vetou a salva de tiros de canhão, atendendo aos pedidos de grupos de defesa de autistas e dos animais. O primeiro ato da política externa de Lula também teve a assinatura de Janja: ela deu um passa-fora nos iranianos, na cerimônia do beija-mão, depois da posse. A primeira-dama se afastou dos representantes do país dos aiatolás — onde mulheres sem véu são condenadas à morte — enquanto cumprimentavam Lula.

A atuação da socióloga na cerimônia foi um exemplo prático daquilo que havia prometido na entrevista ao *Fantástico*, exibida em 13 de novembro, duas semanas após a vitória do marido, de ressignificar o conteúdo do que é ser uma primeira-dama. Ali, citou as pautas que iria abraçar no governo: combate ao racismo, à insegurança alimentar e à violência contra as mulheres. Desde a campanha, ela já mostrava que não iria se limitar ao mero papel de coordenar ações ligadas à assistência social, como a maioria de suas antecessoras.

Mas o que seria essa ressignificação? Janja é simpática, articulada, mas centralizadora. Ideias divergentes precisam estar muito bem fundamentadas para convencê-la. Do contrário, ela segue em frente, não se importando com o que pensa o interlocutor. E isso já lhe rendeu críticas tanto no PT quanto no governo. Para Janja, as críticas são fruto de posições machistas e também de ciúmes. "Em primeiro lugar, quem decide o que, como e com quem eu falo sou eu. Em segundo lugar, vem a pessoa que poderia ser atingida por isso, que é meu marido. Ele me dá total liberdade", disse à revista *Vogue*. E foi categórica quanto aos detratores: "Não guardo mágoa, eu guardo print".

A relação com Lula foi se encorpando até tornar-se simbiótica, como definiu a própria Janja. Cresceu na campanha, e Lula não seria Lula 3 sem Janja, assim como Janja não seria o que é hoje sem o petista. Os dois construíram juntos a narrativa do amor contra o ódio que derrotou Bolsonaro. "Acho importante olhar pra ele [Lula] e também estar me vendo. Isso não acontecia antes. Só olhavam para ele. E hoje ele tem um complemento, uma soma, que sou eu. E não é porque eu estou do lado dele. É porque eu sou essa pessoa. Eu sou uma pessoa que é propositiva, que não fica sentada, que vai e faz", disse Janja ao *Fantástico*.

A socióloga se tornou onipresente na vida de Lula. Desde o momento em que ele deixou a prisão até assumir o cargo, é raro um evento público sem sua presença. Mesmo nos momentos em que o presidente discursa, ela passa ao largo do que seria uma atitude passiva: oferece água, seca o suor, segura as folhas do discurso e cuida de sua integridade física quando ele se vê cercado de admiradores e políticos.

A presença de Janja não se limita à preocupação com a saúde do marido. Ela foi importante em sua reaproximação de grupos de eleitores que estavam afastados desde a Lava-Jato. Mobilizou artistas para regravar o jingle da sua primeira disputa à Presidência e trouxe jovialidade à campanha. Cantou e dançou nas redes sociais, nos comícios, e fez o candidato dançar também; posou para fotos fazendo coraçõezinhos com as mãos junto com Lula. Numa palavra, rejuvenesceu o PT que, nos idos dos anos 1980 e 1990, era alegre, festeiro, empolgado, mas que se tornou um partido burocrático, pesado e chato após dois mandatos de Lula e um mandato e meio de Dilma.

Janja conseguiu empurrar o PT para que resolvesse um problema apontado pelo rapper Mano Brown na campanha presidencial de Fernando Haddad em 2018. "Se o pessoal daqui falhou, agora vai pagar o preço. Porque a comunicação é alma e, se não está falando a língua do povo, vai perder mesmo. Certo? Falar bem do PT para a torcida do PT é fácil. Tem uma multidão que não está aqui que precisa ser conquistada. Ou a gente vai cair no precipício", disse ele num comício em 25 de outubro de 2018, na Lapa, no Rio de Janeiro. Foi muito vaiado, mas, pelo visto, Janja ouviu e entendeu suas críticas.

O rapper, que voltou a apoiar o PT em 2022, se referia à desconexão da esquerda com os problemas sociais, mas acertou também outro alvo: a forte presença da extrema-direita nas redes sociais — que a esquerda desprezava — levava mais longe as mensagens, muitas delas fake news. A correção de rumo só ocorreria com a campanha de Lula em andamento, quando o deputado federal André Janones assumiu o papel de destaque nos meios digitais, enquanto Janja mandava ver, dançando no TikTok "Summer nights", da trilha sonora de *Grease — Nos tempos da brilhantina*. Teve também carimbó e xaxado junto com Lula vestido de boiadeiro.

É raro ver Lula sem Janja em eventos públicos, mas o contrário, não. Janja já apareceu sozinha em momentos importantes do início do governo. A primeira-dama ganhou ainda mais protagonismo após os atentados golpistas de 8 de janeiro de 2023. Ela assumiu a liderança dos trabalhos de reconstrução da sede do governo. No dia seguinte aos atos de vandalismo, gravou um vídeo com prestadoras de serviço responsáveis pela limpeza do prédio e publicou em sua conta no Instagram. "Muito obrigada a toda a equipe de manutenção do Palácio do Planalto, brasileiras e brasileiros dignos de serem chamados patriotas! Com o trabalho deles, a destruição promovida por vândalos sem qualquer respeito pelo nosso patrimônio e pelo nosso país já virou coisa do passado. A democracia não vai se dobrar e o presidente Lula não vai baixar a cabeça. Era o que dona Lindu sempre dizia a ele e é o que o povo brasileiro espera dele neste momento: não baixe a cabeça nunca, Lula", escreveu.

Dias antes da invasão ao Planalto, a primeira-dama havia convidado a jornalista Natuza Nery, da GloboNews, para visitar o Palácio da Alvorada e documentar o estado de abandono em que a família Bolsonaro deixou a residência oficial do presidente da República. Móveis que são propriedade da União desapareceram. Na biblioteca, estantes repletas de livros raros tornaram-se apoio para os equipamentos que o ex-presidente usava para as lives de quinta-feira, e a tapeçaria "Músicos" foi retirada do ambiente para dar lugar aos apetrechos e levada para outra sala, onde a incidência direta de luz solar desbotou a peça, desenhada pelo modernista Di Cavalcanti e avaliada em mais de R$ 5 milhões. Em vários cômodos, o piso de madeira estava danificado, havia infiltrações e vidros trincados. Em uma sala íntima, um sofá em frente a uma TV chamava a atenção pela sujeira do encosto.

Parecia uma volta a uma cena da República Velha, quando Prudente de Moraes pôs fim à chamada República da Espada — os dois governos anteriores dos militares Deodoro da Fonseca e Floriano Peixoto. O dia de sua posse, 15 de novembro de 1894, foi marcado por dois fatos que passaram à história: Floriano se recusou a transmitir a faixa presidencial ao paulista e deixou depredado o palácio presidencial. Os episódios são relatados em nosso livro *Todas as mulheres dos presidentes*, publicado em 2019: "Acabada a cerimônia no Senado, Prudente de Moraes seguiu de carona na carruagem do embaixador inglês até a sede do governo. Encontrou o Itamaraty abandonado, com portas e janelas abertas. As gavetas estavam vazias e os sofás, perfurados por baionetas".

A última grande reforma no Palácio da Alvorada foi feita sob a coordenação de Marisa Letícia, ainda no primeiro mandato de Lula. Foram recuperadas peças e obras de arte cedidas a outros órgãos públicos ao longo de uma década e restaurados móveis modernistas dos anos 1950 guardados nos porões do palácio, além da eliminação de infiltrações, vazamentos e gambiarras elétricas. Segundo o jornalista Camilo Vannuchi, um dos pontos mais importantes da reforma no Alvorada foi a recuperação da capela. Marisa também coordenou a reforma da Granja do Torto e participou ativamente na do Palácio do Planalto, para o cinquentenário de Brasília em 2010.

Marisa Letícia deu a ideia de organizar oficinas para ensinar a arte do restauro em marcenaria a jovens carentes, que ajudaram a recuperar 900 móveis do Planalto. "Trouxeram um restaurador do

Museu de Belas Artes e, em parceria com uma ONG, recrutaram 30 adolescentes (...), que vinham ao Planalto com transporte oferecido pela Presidência da República. Tomavam café, tinham aula teórica de manhã, trabalhavam com restauro, almoçavam, descansavam, faziam uma hora de atividade lúdica ou esportiva, ou introdução à informática, e voltavam à oficina antes de regressarem para casa, novamente de ônibus, e com um lanche. Estudavam à noite", conta Vannuchi em seu livro sobre Marisa. O designer Sergio Rodrigues, autor de grande parte do mobiliário original do Palácio, foi a Brasília conhecer os alunos.

★

Durante a transição do governo Bolsonaro para o de Lula, Janja tinha sala ao lado dos gabinetes do presidente e de seu vice, Geraldo Alckmin, enquanto as coordenações de grupos setoriais estavam em outra ala do Centro Cultural Banco do Brasil, em Brasília. Ela foi a responsável pela indicação de Margareth Menezes para a pasta da Cultura e tentou emplacar Maria Helena Guarezi, amiga dos tempos de Itaipu, como ministra das Mulheres. Não conseguiu. O cargo ficou com Cida Gonçalves, indicação do PT. Guarezi tornou-se secretária executiva do ministério, o segundo posto mais importante. Janja também vetou o nome do deputado federal Pedro Paulo (PSD-RJ) para o Turismo, por conta da acusação de que ele teria agredido a ex-mulher em 2015; criou uma saia justa para Lula, já que a indicação foi do prefeito do Rio de Janeiro, Eduardo Paes, aliado de primeira hora do petista e importante para a conquista de votos no Rio.

Após a posse, a primeira-dama pediu uma sala ao lado do gabinete de Lula no Palácio do Planalto, e foi atendida. "Eu vou continuar ao lado dele. Vai ser difícil ele sair para trabalhar e eu ficar em casa, porque não é da minha personalidade. Então, a gente vai estar junto. Eu vou estar do lado dele, acho que praticamente boa parte do tempo, contribuindo no que eu puder contribuir", disse ao *Fantástico*, antes da diplomação do marido no Tribunal Superior Eleitoral.

Assim como Janja, Marisa Letícia também tinha uma sala no terceiro andar do Planalto. Aparecia por lá pelo menos duas vezes por semana, segundo o biógrafo Camilo Vannuchi: "Para os fofoqueiros presidenciais, o verdadeiro motivo para Dona Marisa bater ponto no Palácio do Planalto era o ciúme. Insegura com as horas extras cumpridas pelo marido, Marisa reivindicava o direito de ir ao Planalto na hora que bem entendesse. Pode até ser que essa fosse uma motivação, ou até a principal, mas a verdade é que Marisa tinha, sim, muitas cartas a responder, entrevistas a dar e audiências a fazer".

Essa disposição para o trabalho que Janja anunciou também se expressou na roupa usada na posse. Ninguém esperava que ela fosse com traje de princesa, mas a ousadia de usar calça comprida surpreendeu. A jornalista baiana Maria Landeiro, que mantém o perfil @cronicasdamoda no Instagram, explicou que a calça carrega um simbolismo de ser uma roupa de trabalho, e que as mulheres só passaram a usá-la quando foram forçadas a assumir o lugar dos homens nas fábricas após a Segunda Guerra Mundial. No Senado, as mulheres só puderam usar o traje a partir de 1997, por uma decisão do então presidente da Casa, o baiano Antônio Carlos Magalhães. Maria Landeiro elogiou ainda o fato de o tecido ser uma seda reaproveitada, tingida naturalmente com caju e bordada com palha. "Sustentável, trabalho artesanal minucioso e técnicas naturais de tingimento. Um luxo!", comentou.

Janja é apaixonada por moda nacional. Na entrevista a Maju Coutinho e Poliana Abritta, no *Fantástico*, ela vestia uma blusa de seda branca com estampas vermelhas do estilista Airon Martins, da grife Misci. "Fiz questão de usá-la porque carrega um simbolismo, tanto da história de vida do estilista quanto da cultura popular, da produção da seda nacional, que é usada na França e a gente nem sabe", disse à *Vogue* sobre a peça, que custa em torno de R$ 2.500. A blusa esgotou nas lojas.

Além de Janja, outra primeira-dama também soube valorizar a moda nacional: Maria Thereza Goulart, mulher de Jango. A princípio, a gaúcha, que rivalizava em beleza com Jacqueline Kennedy, não ligava para o assunto. Foi graças a Dener Pamplona de Abreu que ela se tornou referência de estilo. As mulheres imitavam o seu penteado, o coque-banana, com os cabelos presos para trás. Era uma invenção do cabeleireiro Oldemar Braga Filho, o Oldy. A ideia era dar um ar mais velho à jovem primeira-dama. O penteado virou sua marca e, nos salões de beleza, ganhou o nome de "coque à Maria Thereza".

Dener começou a trabalhar aos 13 anos na Casa Canadá, que ditou moda no Rio e vestiu as primeiras-damas entre 1934 e 1967. O estilista, nascido em Soure, na Ilha do Marajó (PA), fez aquela tímida Maria Thereza parar de roer unhas, passar a usar brincos — que ela detestava — e a se comportar em público. Era mais que um estilista pessoal da mulher de João Goulart: tornou-se amigo e foi a única pessoa a ligar para a primeira-dama pouco antes de ela deixar Brasília rumo ao exílio. E, mesmo naquelas horas de tensão, Dener se preocupou com a aparência da sua principal cliente: "'Vou lhe pedir um favor: não vá embora do país de roupa marrom'. (...) Coincidentemente, eu também nunca gostei de marrom", ela revelaria anos mais tarde, como conta o jornalista Wagner William na biografia *Uma mulher vestida de silêncio*, sobre a ex-primeira-dama.

★

Na entrevista ao *Fantástico*, Janja contou que tinha como inspiração Evita, a segunda mulher do presidente argentino Juan Domingo Perón, e Michelle Obama, casada com Barack Obama, presidente dos Estados Unidos, para ressignificar o conceito de primeira-dama. Janja não citou as primeiras-damas brasileiras com presença relevante na vida política e social do país.

A própria Marisa Letícia, figura essencial na construção da carreira política de Lula, foi conselheira do marido ao longo de seus dois mandatos, embora não tenha exercido função pública. A filha de italianos, que se casou com Lula em 1974, costumava alertá-lo de que o destino de ambos seria voltar a São Bernardo quando deixassem Brasília, uma forma de lembrá-lo de onde vieram e a quem serviam. Na campanha vitoriosa de 2002, Marisa participou da equipe de coordenação de Lula. Segundo o jornalista Camilo Vannuchi, ela dava poucas, mas valiosas contribuições. Assim como Janja, ela também se preocupava com o descanso e a alimentação do marido. "Sensível, Marisa tinha um tino especial para perceber grupos que não tinham proximidade com Lula e o PT, mas que poderiam se aproximar com alguma iniciativa de campanha. Foi uma das primeiras pessoas a comentar que Lula e o partido tinham pouca adesão e não priorizavam o relacionamento com religiosos de outras igrejas que não a católica, de olho principalmente no voto evangélico", narra Vannuchi.

Outro exemplo vem da República Velha. Anita Peçanha era filha, neta e bisneta de nobres, mas foi abandonada pela família por sua paixão por Nilo Peçanha, menino pobre, filho de um padeiro do Morro do Coco, em Campos dos Goytacazes, no Rio de Janeiro. Vice-presidente, assumiu o cargo máximo da nação com a morte de Afonso Pena, em 14 de junho de 1909, e governou o país por um ano e cinco meses. Foi o primeiro e único presidente negro do Brasil. Anita sempre "se meteu" em política e discutia abertamente com os inimigos e os aliados não tão fiéis do marido.

Darcy Vargas, que se casou com Getúlio aos 14 anos, levou para dentro do Estado a assistência à população pobre. Criou e apoiou projetos e entidades, entre elas a Legião Brasileira de Assistência (LBA), tendo inicialmente como mote a ajuda às famílias dos pracinhas que lutaram na Europa contra o nazifascismo.

Já Sarah Kubitschek, de família rica de Minas Gerais e criada para ser uma dama da sociedade, tinha horror da política comezinha e pânico das manchas que a brilhantina do cabelo dos políticos provocava em seus lindos sofás. Mas produziu um legado precioso na saúde, como reconhece o site da Fundação Oswaldo Cruz (Fiocruz): criou as primeiras iniciativas de prevenção e tratamento do câncer ginecológico e de mama no país, e de reabilitação física com as Pioneiras Sociais. Foi vítima do massacre promovido pela ditadura militar contra a imagem de Juscelino Kubitschek, proscrito como corrupto — acusação que os militares fizeram a muitos outros inimigos e perseguidos políticos.

Mas foi Ruth Cardoso, mulher de Fernando Henrique Cardoso, quem escreveu um novo roteiro para o papel de primeira-dama no país, apesar de não gostar do título e menos ainda da invasão de privacidade que o cargo acarretava. Uma de suas primeiras iniciativas foi a extinção da LBA, que se desvirtuou de suas funções e ficou marcada por denúncias de corrupção. O ápice da roubalheira ocorreu no período de sua antecessora, Rosane Collor, acusada de superfaturar a compra de leite em pó destinado a famílias carentes.

No lugar da LBA e da política clientelista que vigorava até então, Ruth criou o Programa Comunidade Solidária, que buscava parcerias entre o setor público e a sociedade civil por meio de empresas, ONGs, associações de classe e de moradores. Ali, a antropóloga pôde aplicar os conhecimentos desenvolvidos na academia, nas pesquisas de campo nas favelas de São Paulo e como ativista. Entre 1995 e 2002, ela presidiu o Conselho do Programa Comunidade Solidária, cuja função era coordenar as ações e parcerias. No primeiro governo de FHC, o conselho tinha dez ministros e 21 representantes da sociedade civil; no segundo, o número de ministros foi reduzido para cinco.

Ruth transformou a área social em prioridade de governo. O projeto Alfabetização Solidária, em parceria com diferentes instituições, ensinou a ler e a escrever 2,5 milhões de jovens dos municípios mais pobres do país. E o Capacitação Solidária treinou mais de cem mil estudantes para o mercado de trabalho nas regiões metropolitanas. O trabalho de Ruth ampliou o alcance do controle da inflação, obtido com o Plano Real, promovendo uma inédita melhoria nos indicadores sociais. Por sua ação à frente do Comunidade Solidária, ela foi convidada a falar no plenário da ONU.

Mas o caminho para o trabalho da antropóloga formada pela USP, com reconhecida carreira acadêmica internacional, não seria nada fácil. Ruth foi criticada por "se meter na política" já na primeira campanha de Fernando Henrique, em 1994. De temperamento mais fechado e sem apetite para as concessões comuns no tabuleiro eleitoral, ela lançou um petardo: acusou de "fisiológico" o PFL, partido do senador Antônio Carlos Magalhães, aliado de primeira hora do PSDB de Fernando Henrique e que indicara o vice na chapa do tucano, o senador Marco Maciel. Sua emenda foi pior que o soneto. "O PFL tem Antônio Carlos (Magalhães), mas tem Gustavo Krause e Reinhold Stephanes", comentou Ruth, referindo-se a dois quadros da agremiação de direita com modos, formação e métodos distintos de ACM, lendário cacique da política baiana. FHC pediu desculpas, e a aliança entre os partidos foi mantida, garantindo a necessária estabilidade aos oito anos de seu governo.

★

Ao *Fantástico*, Janja disse ter ficado impressionada com o trabalho de Evita em defesa das mulheres. Ela promoveu a lei do sufrágio feminino, aprovada em 1947, e também defendeu os conceitos de igualdade jurídica dos cônjuges e da autoridade parental compartilhada, incorporados à Constituição promulgada em 1949 e revogada após o golpe militar de 1955. Em 1949, ela fundou o Partido Peronista Feminino, que presidiu até sua morte. Evita teve uma trajetória meteórica na política: casou-se com Perón em 1945 e morreu em 1952, com apenas 33 anos, de um câncer no útero.

Bonita, elegante e carismática, tornou-se lendária após sua morte. Seu cadáver, cuidadosamente embalsamado, ficou exposto à visitação pública até a queda do governo de Perón, em 1955, quando foi roubado e levado para o Cemitério Monumental de Milão, na Itália, onde ficou enterrado.

Em 1971, Perón, que vivia exilado em Madri, conseguiu que o corpo fosse transladado para a Espanha. Ele já estava casado com María Estela Martínez, a Isabelita, desde 1961. Voltou à Argentina e reelegeu-se presidente, tendo Isabelita como vice. Quando Isabelita assumiu o poder, em razão da morte de Perón, em 1974, trouxe o corpo de Evita de volta ao país. Seu túmulo, no Cemitério da Recoleta, em Buenos Aires, é um dos pontos mais visitados da capital portenha.

Michelle Obama, que exerceu o cargo de primeira-dama dos Estados Unidos de 2009 a 2017, não teve o mesmo protagonismo. Dedicou-se a uma única grande campanha, a Let's Move, para reduzir a obesidade infantil e incentivar um estilo de vida mais saudável para as crianças. Em sua autobiografia, *Minha história*, ela relata que sempre se manteve "fora da política", e foi apenas por essa "grande briga" relacionada à nutrição infantil que interagiu com o Congresso: "Ao longo de 2010, me empenhei para ajudar a provar no Congresso uma nova lei relacionada à nutrição infantil, expandindo o acesso das crianças a alimentos saudáveis e de alta qualidade nas escolas públicas e aumentando o subsídio federal a refeições pela primeira vez em 30 anos. Ainda que geralmente eu me mantivesse fora da política e da formulação de políticas públicas, essa tinha sido minha grande briga, a questão pela qual eu estava disposta a me lançar dentro do ringue. Foram horas ligando para senadores e representantes, tentando convencê-los de que nossas crianças mereciam coisa melhor do que lhes era oferecido".

A mulher de Obama não teve vida partidária, diferentemente de Janja ao longo de quase 40 anos no PT. Formada na Universidade de Princeton e na Escola de Direito de Harvard, Michelle guarda lembranças traumatizantes da primeira campanha presidencial do marido, quando foi atacada nas redes sociais por congressistas e em veículos de comunicação.

Em sua autobiografia, relata que era apontada como uma mulher negra raivosa: "Queria perguntar aos meus detratores qual parte da expressão eles consideram a mais relevante — mulher, negra ou raivosa? Sorri para fotos com gente que chamava meu marido de nomes horríveis em cadeia nacional. (...) Ouvi falar dos lugares lamacentos da internet que questionam tudo a meu respeito, até se sou homem ou mulher. Um congressista americano já fez piada da minha bunda. Fui magoada. Fiquei furiosa. Mas, acima de tudo, tentei rir dessas coisas".

Michelle conta que, após esses episódios, passou a ter orientação de especialistas contratados pelo Partido Democrata e seguiu participando da campanha do marido. Foi aconselhada a explorar seus pontos fortes e falar mais sobre o amor que nutria pelo marido e pelas filhas, as dificuldades enfrentadas pelas mães que trabalham fora e o orgulho de suas raízes em Chicago.

Diferentemente de Michelle, de Evita e mesmo de outras primeiras-damas brasileiras que não citou, Janja chegou ao governo sem ter definido como pretendia estruturar os projetos que disse ter como prioridades. Nos dois primeiros meses de governo, Janja ainda não havia apresentado uma proposta concreta de atuação. No início de março de 2023, o site *UOL* trouxe uma reportagem sobre a criação do Gabinete de Assuntos Estratégicos em Políticas Públicas, a ser chefiado por ela, mas até a publicação deste livro, a nomeação ainda não havia saído no Diário Oficial da União.

Na função não remunerada, a socióloga deverá coordenar ações com ministérios e outros órgãos ligados ao Poder Executivo e organizações da sociedade civil. Na estrutura, o cargo de Janja está vinculado diretamente ao Gabinete Presidencial e inclui ainda atribuições que fazem parte da Casa Civil, uma pasta vital na estrutura de governo, por cuidar da articulação do Executivo com os ministérios.

No dia 1º de março de 2023, a primeira-dama reuniu num café da manhã no Palácio do Planalto as 11 ministras de Lula — do total de 37 titulares da Esplanada dos Ministérios — e afirmou ser uma "obsessão" da administração do presidente zerar o feminicídio no país. Em 2022, o Brasil bateu recorde no número de vítimas pelo crime. Foram 1.400 mulheres mortas apenas pelo fato de serem mulheres, uma a cada seis horas, segundo levantamento do Monitor da Violência, do Fórum Brasileiro de Segurança Pública.

No Dia Internacional da Mulher, 8 de março, mostrando estar

em sintonia com as causas defendidas pela esposa, Lula anunciou uma série de políticas públicas visando à autonomia financeira das mulheres vítimas de violência doméstica. Apresentou ainda dois decretos: um que prevê a distribuição gratuita de absorventes pelo SUS a mulheres em vulnerabilidade social e outro que garante a igualdade salarial para homens e mulheres na mesma função — ações que foram ignoradas pelo seu antecessor. Ao menos 19 ministérios e os três bancos federais (Banco do Brasil, Caixa e BNDES) participaram da elaboração dessas políticas.

★

Ao contrário de suas antecessoras, a atual primeira-dama participa com o marido ativamente do dia a dia da política. Esteve, por exemplo, na primeira reunião de Lula com os 27 governadores, ainda sob a tensão dos atos golpistas de 8 de janeiro. Entre eles, havia governadores bolsonaristas que só aceitaram participar do encontro se o petista não atacasse o ex-presidente. "A presença de uma primeira-dama (ainda que 'ressignificada') numa reunião deste tipo é inusual, mas neste governo parece que será a tônica", escreveu o colunista Lauro Jardim, do jornal *O Globo*.

Inusual também foi uma das duas fotos publicadas por Janja em seu perfil no Instagram após a primeira reunião de Lula com o presidente dos Estados Unidos, Joe Biden, na Casa Branca, no dia 10 de fevereiro de 2023. Mostrava ela entre os dois chefes de Estado se cumprimentando, com a mão sobre as dos dois presidentes, como se estivesse chancelando o encontro. "O Brasil brilhando no mundo! Acompanhando @lulaoficial neste dia que marca mais uma etapa na retomada do protagonismo internacional do nosso país. Obrigada, @JoeBiden, pela recepção", escreveu Janja.

A imagem, claro, virou meme. Internautas ironizaram o fato, colocando a mulher de Lula no meio de outros encontros históricos: entre Donald Trump e Kim Jong-un; o Papa Francisco e Fidel Castro; Nixon e Elvis Presley; e ainda na célebre imagem do aperto de mão entre o premiê inglês Winston Churchill, o presidente americano Harry Truman e o líder soviético Josef Stalin, durante a Conferência de Potsdam, após o fim da Segunda Guerra Mundial, que discutiu as novas fronteiras da Europa. Nesta foto, Janja ocupa o lugar de Truman, no centro.

Ironias à parte, o gosto de Janja pelos holofotes já se refletiu na sua popularidade junto ao eleitorado nas primeiras semanas do governo Lula. Pesquisa do Instituto Quaest realizada com cerca de duas mil pessoas, entre os dias 10 e 13 de fevereiro de 2023, apontou que ela foi avaliada positivamente por 41% dos entrevistados, contra 35% dos que tinham uma boa imagem de Michelle Bolsonaro.

A ex-primeira-dama, que durante três dos quatro anos de mandato do marido manteve-se longe da política, revelou-se um forte cabo eleitoral. Mergulhou na campanha pela reeleição e apoiou a candidatura da ex-ministra da Mulher, Família e Direitos Humanos Damares Alves (Republicanos) ao Senado pelo Distrito Federal, contra a vontade do marido. Bolsonaro tinha o compromisso de apoiar Flávia Arruda, sua ex-ministra-chefe da Secretaria de Governo, indicada pelo seu partido, o PL. Damares suplantou o prestígio do sobrenome Arruda na capital federal e foi eleita. O desempenho de Michelle nas eleições de 2022 chamou a atenção do PL e o seu nome passou a ser cotado para a disputa presidencial em 2026 numa eventual inelegibilidade do marido.

Na pesquisa da Quaest, Michelle e Janja empataram tecnicamente no quesito rejeição: 19% dos eleitores tinham má impressão da mulher de Lula, contra 20% da esposa de Bolsonaro. Em setembro de 2022, quando poucas pessoas sabiam quem era Janja, apenas 10% a avaliaram positivamente. Já Michelle tinha a preferência de 34%.

A disputa entre as duas pela atenção do eleitorado feminino foi percebida também no Carnaval. Janja gravou um vídeo para divulgar o Ligue 180, serviço telefônico gratuito de orientação e de denúncia de crimes contra a mulher. De camiseta rosa, Michelle Bolsonaro fez o mesmo. "Se você for vítima de assédio, denuncie. Você não está só. Disque 190 para emergência e 180 para investigação. Fiquem atentos para o tema deste ano: minha fantasia não é um convite! Não é não", disse a ex-primeira-dama, que no dia 21 de março de 2023 assumiu o PL Mulher, com salário de aproximadamente R$ 34 mil. Marcada para o início daquele mês, a nomeação havia sido adiada após o escândalo das joias de diamantes avaliadas em R$ 16,5 milhões, suposto presente do governo da Arábia Saudita a Michelle, que acabaram retidas pela Receita Federal no Aeroporto de Guarulhos. Na cerimônia, em Brasília, Michelle ironizou o escândalo. "Hoje a única joia aqui presente são vocês", disse, acrescentando que o PL é o "partido que mais valoriza a mulher". No ato, discursaram cinco homens e apenas duas mulheres — além da ex-primeira-dama, somente a deputada federal Soraya Santos (RJ) falou. O objetivo do partido do deputado Valdemar Costa Neto é fazer de Michelle uma espécie de chamariz para a filiação de mulheres e evangélicos à legenda.

Mas o Carnaval foi mesmo de Janja. A mulher de Lula assistiu à passagem dos trios elétricos no Circuito Barra-Ondina, em Salvador, do camarote do Expresso 2222, de Gilberto Gil e Flora, enquanto o marido descansava na base naval de Aratu, também na Bahia. No Rio, a primeira-dama foi inspiração para 15 foliãs do bloco Cordão do Prata Preta, que trazia o estandarte "Solte sua Janja". "Pode cantar no palanque, se meter no governo, subir na banheira, falar alto, deitar-se no chão, carregar a Resistência. Ninguém vai nunca mais dizer o que mulher pode ou não pode fazer, não, meus amores", escreveu no Instagram a jornalista Mariana Filgueiras, uma das organizadoras do bloco, que se fantasiou de "Janjuma", mistura de primeira-dama e a mulher-onça da novela *Pantanal*. Um casal recriou a foto de Lula e Janja sob a lua cheia do Ceará — ele, de sunga, e ela, de camiseta preta com imagem do petista e short branco. Até um folião caracterizado como Ricardo Stuckert, o autor da famosa imagem, apareceu no bloco.

Na segunda-feira de Carnaval, 20 de fevereiro de 2023, Lula rompeu o descanso em Aratu e viajou para o litoral norte de São Paulo, afetado por fortes chuvas — morreram 65 pessoas e mais de quatro mil ficaram desabrigadas e desalojadas. Janja não acompanhou o marido e foi criticada por parlamentares bolsonaristas e internautas. A deputada Carla Zambelli (PL-SP) chegou a publicar em seu perfil no Twitter uma fotomontagem da primeira-dama vestida com a camisa do camarote do Expresso 2222, sambando em meio a pessoas mortas na lama. Zambelli ficou marcada ao perseguir, de revólver em punho, um homem pelas ruas dos Jardins, área nobre da capital paulista, na véspera do segundo turno da eleição presidencial. Por conta disso, teve o porte de armas suspenso e suas contas nas redes sociais bloqueadas pelo STF. No início do fevereiro, o ministro Alexandre de Moraes decidiu que a deputada poderia voltar a postar. E ela, então, voltou à carga contra o governo petista.

Ao perceber o aumento do tom das críticas, Janja publicou, na mesma segunda-feira de Carnaval, duas mensagens de apoio às vítimas das chuvas em São Paulo. "A superação deste momento tão difícil para o litoral de SP, em especial São Sebastião, virá com união de esforços do governo federal, estadual e municipais. O presidente Lula está lá para reforçar esta mensagem. Toda a minha solidariedade às famílias atingidas por este desastre", escreveu no primeiro post. No segundo, completou: "Estive muitas vezes no litoral norte de São Paulo, um dos cantos mais lindos do nosso país. Ver as praias e morros desfigurados, as pessoas sofrendo, me enche de tristeza e angústia". Maresias, praia de São Sebastião, foi o destino dela e de Lula na primeira viagem romântica, em dezembro de 2017.

É natural a euforia inicial da primeira-dama, mas, como uma mulher conectada ao mundo, ela deve ter percebido que é tênue a fronteira entre exposição e superexposição, e os riscos disso à sua imagem e, consequentemente, à do governo de seu marido. As reações em forma de memes, uma crítica mordaz à sua "onipresença" ao lado de Lula, podem ter sido um antídoto à adrenalina de palanque eleitoral ainda presente em seu sangue.

De fato, causou estranheza ela não ter acompanhado Lula na visita às regiões afetadas pela chuva em São Paulo, diferentemente do que fez em 8 de janeiro, quando esteve em Araraquara — horas antes dos ataques golpistas em Brasília —, também para verificar os estragos causados pela enxurrada. O prefeito da cidade do interior paulista, Edinho Silva, foi coordenador de comunicação do petista na campanha presidencial de 2022.

No litoral norte do estado, Lula não estava entre seus correligionários, mas mostrou uma atitude republicana ao convocar uma coletiva ao lado do governador de São Paulo, Tarcísio Freitas (Republicanos), bolsonarista que derrotou o petista Fernando Haddad na disputa em 2022, e do prefeito Felipe Augusto (PSDB), de São Sebastião, a cidade mais impactada pelo temporal.

Na entrevista à jornalista Natuza Nery, a primeira exclusiva depois da posse, o petista mostrou que mudou. O sindicalista dos anos 1970, criado num ambiente machista, incorporou conceitos do feminismo, trazidos por sua mulher. "Eu era a única pessoa capaz de derrotar o Bolsonaro. (...) Eu agora tenho quatro anos, quero me dedicar 24 horas por dia. A Janja sabe disso, ela é a minha parceira, ela sabe que tem que trabalhar também. Ela vai fazer o que ela quiser fazer. Ela não é obrigada a ter uma agenda comigo. Vai comigo quando quiser ir. Ela vai fazer o que quiser, porque nós dois queremos ajudar a reconstruir este país. Essa é a minha profissão de fé agora".

★

Paulo Leminski foi um dos gênios que a chamada contracultura produziu no Brasil. Como escreveu o amigo, fã e biógrafo Toninho Martins Vaz, a contracultura era, nos anos de 1970 e 1980, em que

Leminski conquistava cada vez mais leitores para sua poesia contemporânea, "uma postura ideológica, e não um produto de consumo". Curitibano, nascido em 1944, foi na capital paranaense que passou a maior parte de sua curta existência — morreu em 1989, de cirrose hepática provocada pelo alcoolismo. Sobre a postura ideológica, não deixava dúvidas. Fez até um poema, "Para a liberdade e luta", dedicado à tendência estudantil na qual Janja começou sua militância: "Me enterrem com os trotskistas/ na cova comum dos idealistas/ onde jazem aqueles/ que o poder não corrompeu/ Me enterrem com meu coração/ na beira do rio/ onde o joelho ferido/ tocou a pedra da paixão".

Um dos livros de Leminski tem como título uma brincadeira com a frase de Esopo, que criou a fábula como gênero literário. "Unidos venceremos, divididos cairemos", ensinava o grego em *O leão e os três bois*. O escritor e poeta curitibano, conhecido por seu humor mordaz, trocou "unidos" por "distraídos". Teve crítico que viu nessa troca de vocábulos um rasgo de criatividade, porque Leminski teria conseguido sintetizar, numa frase curta, a alma do Brasil, uma ode à improvisação "distraída" que nos caracteriza.

Mas de distraídos Lula e Janja não têm nada. Juntos, foram capazes de construir uma narrativa com seu próprio amor como base para se contrapor ao ódio da extrema-direita. E essa história está longe de ter um ponto final. Amigos dizem que, findo o governo, o desejo de Janja é levar seu "boy" para viver numa ilha na Bahia.

Ou não.

★

BIBLIOGRAFIA

LIVROS

GUEDES, Ciça; FIUZA DE MELO, Murilo. *O caso dos nove chineses — O escândalo internacional que transformou vítimas da ditadura militar brasileira em heróis de Mao Tsé-tung*, Rio de Janeiro: Objetiva, 2014.

_____. *Todas as mulheres dos presidentes — A história pouco conhecida das primeiras-damas do Brasil desde o início da República*, Rio de Janeiro: Máquina de Livros, 2019.

_____. *Os motéis e o poder — Da perseguição pelos agentes de segurança ao patrocínio pela ditadura militar*, Rio de Janeiro: C&M Editora, 2021.

LOPES, Áurea. *Vigília Lula Livre — Um movimento de resistência e solidariedade*, Buenos Aires: CLACSO, 2019.

MORAIS, Fernando. *Lula — Volume 1*, São Paulo: Cia das Letras, 2022.

OBAMA, Michelle. *Minha história*, São Paulo: Objetiva, 2018.

PROCHNOW, Miriam (Org.). *Barra Grande — A hidrelétrica que não viu a floresta*, Curitiba: Posigraf, 2005.

VANNUCHI, Camilo. *Marisa Letícia Lula da Silva*, São Paulo: Alameda Editorial, 2020.

VAZ, Toninho. *Paulo Leminski — O bandido que sabia latim*, Rio de Janeiro: Tordesilhas Livros, 2022.

OUTROS

SILVA, Rosângela da. *Mulher e poder: relações de gênero nas instituições de defesa e segurança nacional*, monografia apresentada no Curso de Altos Estudos de Política e Estratégia, da Escola Superior de Guerra, 2011.

REPORTAGENS

ABC
Paraguay puede recibir de Itaipu US$ 2000 millones por año desde el 2023, 26 de abril de 2018.

Agência Câmara de Notícias
Atingidos pela construção da barragem de Sobradinho reclamam reparação, 11 de dezembro de 2018.
CREDN discutirá negociações sobre O Anexo C do Tratado de Itaipu, 4 de maio de 2022.

Agência Pública
Exclusivo: Raoni denuncia Bolsonaro em corte internacional por crimes contra a humanidade; leia denúncia, 23 de janeiro de 2021.

Alerta Paraná
Nova direção desmorona o castelo da Itaipu em Curitiba, 16 de maio de 2019.

O Bastidor
Janja, a fiscal energética, 29 de abril de 2022.

BBC News Brasil
MST: maior produtor de arroz orgânico do Brasil, movimento vive dificuldades para comercializar o grão, 1º de setembro de 2022.

Brasil de Fato
Há um ano, dois tiros atingiam caravana de Lula no Paraná: "Nenhum esclarecimento", 27 de março de 2019.
Bolsonaro deixará o governo com aumento de 60% no desmatamento da Amazônia, 30 de novembro de 2022.

Carta Capital
Escândalo de Itaipu extrapola o Paraguai e ronda PSL e os Bolsonaro, 20 de agosto de 2019.
Para atacar Lula, Michelle Bolsonaro liga religiões afro-brasileiras a 'trevas', 9 de agosto de 2022.
Bolsonaro diz que não comparou Michelle a Janja em 7 de setembro: 'falei de todas as primeiras-damas', 8 de setembro de 2022.
'Excesso de espaço': Jornalista é acusada de machismo após criticar atuação de Janja, 13 de novembro de 2022.

CNN
Número de mortos em chuvas no litoral norte de SP sobe para 65, 25 de fevereiro de 2023

Correio do Povo do Paraná
Para onde vão os bilhões de Itaipu?, 21 de novembro de 2022

Crusoé
O mistério da fita, 3 de janeiro de 2020.

Deutsche Welle
"Bolsonaro ganhou e temos que amargar", diz Lula em Berlim, 11 de março de 2020.

Diário do Comércio
Política do 'pague 2 obras e leve 1' compromete queda da tarifa de Itaipu, 8 de janeiro de 2023.

El País
As horas decisivas de Lula, 7 de abril de 2018.
Governo paraguaio mergulha em crise por acordo secreto com Brasil sobre Itaipu, 30 de julho de 2019.
24 horas com a vigília que saúda Lula diariamente em Curitiba, 11 de agosto de 2019.
Em discurso na ONU, Bolsonaro escancara programa de ultradireita e anti-indígena, 24 de setembro de 2019.

Época
Rosângela Silva, a namorada de Lula, 22 de maio de 2019.
O bastidor do choque diplomático em torno de Itaipu, 22 de agosto de 2019.

O Estado de S. Paulo
Lula e Janja se casam em São Paulo; socióloga ganha espaço na pré-campanha, 18 de maio de 2022.
Janja reage à postagem de Michelle: 'Deus é sinônimo de amor, não importa qual religião', 9 de agosto de 2022.
Janja quer posse de Lula com mascote 'Resistência' na rampa do Planalto e povo para entregar faixa, 8 de novembro de 2022.
Da vigília no cárcere ao Palácio da Alvorada: conheça Janja, a mulher de Lula, 13 de novembro de 2022.
No Fantástico, Janja diz se inspirar em Evita e Michelle Obama e que quer ser elo com a sociedade, 13 de novembro de 2022.

Exame
Depois de rejeitar habeas corpus, STF autoriza prisão de Lula, 5 de abril de 2018.
Após decisão do STF, Lula não será preso imediatamente; entenda, 5 de abril de 2018.
Itaipu Binacional recupera US$ 6,5 milhões desviados em caso de corrupção, 8 de outubro de 2018.

Extra
Cadela Resistência: Conheça a história da vira-lata que vai participar da posse de Lula, 1º de janeiro de 2023.
Joias de R$ 16,5 milhões de Michelle Bolsonaro: veja os próximos passos do caso, 6 de março de 2023.

Folha de S.Paulo
"Oviedo é um estadista", diz paranaense, 14 de abril de 2008.
Lula fala sobre prisão, Moro, Bolsonaro e STF; veja versão completa de entrevista, 27 de abril de 2019.
Anúncio de casamento com Lula precipita saída de namorada de Itaipu, 13 de novembro de 2019.
Conta de luz de Itaipu financia estradas, sede do Itamaraty e até vitrais, 1º de dezembro de 2020.
Foto de Lula e Janja no Ceará foi a imagem política mais comentada de 2021, diz consultoria, 3 de janeiro de 2022.
Vestido de noiva de Janja foi presente de estilistas para o casamento com Lula, 16 de maio de 2022.
Lembrancinha de casamento de Lula e Janja diz que 'o amor venceu', 17 de maio de 2022.
Janja se casa com Lula nesta quarta e avança em núcleo de campanha do PT, 18 de maio de 2022.
Casamento Lula e Janja: Pista lota ao som de Anitta e mais detalhes da festa, 19 de maio de 2022.
Evangélicos atingem auge do engajamento político e põem Michelle e Janja na linha de frente, 17 de agosto de 2022.

Janja cria incômodos na campanha de Lula por interferências e superexposição, 20 de agosto de 2022.

Brasil e Paraguai elevam custos em Itaipu a US$ 1 bi às vésperas do fim da dívida, 30 de agosto de 2022.

Janja se mostra articulada e simpática no Fantástico, mas não deve ter mudado opiniões, 13 de novembro de 2022.

O Brasil escolhe outra mulher, 14 de novembro de 2022.

Camisa que Janja usou no Fantástico foi hit da SPFW e custa R$ 2.580, 15 de novembro de 2022.

Mais que uma rosa na lapela, 26 de novembro de 2022.

Margareth Menezes aceita convite para assumir Ministério da Cultura de Lula, 9 de dezembro de 2022.

Janja coordena posse de Lula, centraliza decisões e ganha desafetos, 31 de dezembro de 2022.

Janja supera Michelle em popularidade, diz pesquisa Quaest, 15 de fevereiro de 2023.

'Solte sua Janja': Blocos se inspiram na primeira-dama no Carnaval, 18 de fevereiro de 2023.

G1

Moro determina prisão de Lula para cumprir pena no caso do triplex, 5 de abril de 2018.

Lula se entrega à PF e é preso para cumprir pena por corrupção e lavagem de dinheiro, 7 de abril de 2018.

Entenda a crise desencadeada no Paraguai pelo acordo com o Brasil sobre Itaipu, 1º de agosto de 2019.

Em decisão unânime, 5ª Turma do STJ mantém condenação de Lula e reduz pena para 8 anos e 10 meses, 24 de setembro de 2019.

Em áudios, integrantes do Superior Tribunal Militar relatam casos de tortura durante ditadura, 17 de abril de 2022.

Lula faz ato com artistas e diz que Brasil precisa de união e paz, 26 de setembro de 2022.

Brasil bate recorde de feminicídios em 2022, com uma mulher morta a cada 6 horas, 8 de março de 2023.

Michelle Bolsonaro toma posse como presidente do PL Mulher, 21 de março de 2023.

O Globo

Lula revela estar apaixonado e ter planos de se casar ao sair da prisão, 18 de maio de 2019.

Lula conheceu namorada no tempo das caravanas e cultiva amizade há décadas, 19 de maio de 2019.

Janja vê show do Rock in Rio no meio do público e usa camiseta com imagem de Lula Skywalker, 10 de setembro de 2022.

Prioridade bolsonarista, comunicação com mulheres foi falha na campanha da reeleição, diz pesquisa, 1º de outubro de 2022.

Os laços de Curitiba que Lula leva para Presidência, 6 de novembro de 2011.

Sem Bolsonaro, Lula pode dar novo significado à entrega da faixa, 20 de novembro de 2022.

A ideia que ganha força nos bastidores para a entrega de faixa a Lula, 23 de novembro de 2022.

Shows e telões: festa da posse de Lula deve ter apresentação de artistas em dois palcos na Esplanada, 24 de novembro de 2022.

Em reunião com Janja, grupo temático de Mulheres vai expor desmonte provocado por gestão Damares, 29 de novembro de 2022.

Janja promete: Lula vai criar Ministério das Mulheres, 30 de novembro de 2022.

Desmatamento na Amazônia em 2022 foi o maior em 15 anos, mostra Imazon, 18 de janeiro de 2023.

Janja reivindica papel de destaque na gestão de Lula, com influência de Itaipu ao Carnaval, 4 de fevereiro de 2023.

PL adia posse de Michelle após caso das joias, coluna da Vera Magalhães, 7 de março de 2023.

Acompanhado de ministras e Janja, Lula lança pacote com mais de 25 ações para mulheres, 8 de março de 2023.

Jornal Plural
Quem é Janja, a nova primeira-dama do Brasil, 30 de setembro de 2022.

Metrópoles
Namorada de Lula diz que vai buscá-lo nesta sexta: "Me espera", 8 de novembro de 2019.
Namorada de Lula deixa Itaipu e abre mão de R$ 20 mil por mês, 13 de novembro de 2019.
Casamento de Lula: os detalhes e a estrutura da festa do ex-presidente, 17 de maio de 2022.
Veja o convite de casamento do ex-presidente Lula e Janja, 18 de maio de 2022.
Bispo emérito de Blumenau vai celebrar o casamento de Lula e Janja, 18 de maio de 2022.
Chico, Gil e Daniela: veja a lista de famosos no casamento de Lula, 18 de maio de 2022.
Foto: veja Janja Lula de noiva; vestido é da estilista Helô Rocha, 18 de maio de 2022.
Casamento de Lula e Janja teve jingle, penetra e convidados famosos, 19 de maio de 2022.
Anitta declara apoio a Lula e pede renovação para 2026, 11 de julho de 2022.
Janja curte Rock in Rio e é tietada com gritos de "primeira-dama", 11 de setembro de 2022.
Quem é Janja, a socióloga que conquistou Lula e pode ser a próxima primeira-dama do país, 1º de outubro de 2022.
Conheça a história de Janja, militante e nova primeira-dama do Brasil, 30 de outubro de 2022.
A reação de Janja quando José Múcio propôs que Lula baixasse GLO, 19 de janeiro de 2023.
Janja amplia protagonismo e supera números de ministros nas redes, 21 de janeiro de 2023.

National Geographic
Ditadura militar quase dizimou os waimiri atroari – e indígenas temem novo massacre, 5 de novembro de 2020.

Opera Mundi
Revista francesa descreve perfil de Janja, mulher de Lula, 'uma primeira-dama na ofensiva', 29 de novembro de 2022.

Outras Palavras
Para entender a crise de Itaipu, 22 de agosto de 2019.

Piauí
Com vocês, a Leoa — Um perfil de Janja, a mulher de Lula, que cresce e aparece, outubro de 2022.
A sombra de Janja — A militante que é o braço direito (e esquerdo) da primeira-dama, fevereiro de 2023.

Poder 360
Relato de tortura "não estragou a Páscoa", diz presidente do STM, 19 de abril de 2022.
Veja fotos do evento de lançamento da chapa de Lula e Alckmin, 7 de maio de 2022.
Lula e Alckmin lançam pré-candidatura à Presidência em SP, 7 de maio de 2022.
Michelle publica vídeo de Lula em cerimônia de umbanda: "Isso pode", 9 de agosto de 2022.
Janja reage a post de Michelle sobre Lula em cerimônia de umbanda, 9 de agosto de 2022.
"Não tem princesa aqui, só mulher de luta", diz Janja, 8 de setembro de 2022.
Bela Gil é nomeada para grupo de Combate à Fome na transição, 12 de novembro de 2022.
Governo Lula deu mais de 100 entrevistas à "Globo" após eleições, 4 de fevereiro de 2023.
Moraes manda desbloquear perfis de Zambelli nas redes sociais, 6 de fevereiro de 2023.
Janja diz que zerar feminicídio é uma "obsessão" de Lula, 1º de março de 2023.

Revista Rio Já
Catedral Etílica de esquerda, 21 de setembro de 2022.

Suno
Aneel aprova uso de R$ 947,7 mi de Itaipu para alívio tarifário de energia de 10 distribuidoras, 16 de agosto de 2022.

Terra
Ciclo menstrual e as fases da lua: entenda a relação, 20 de agosto de 2021.
Como é a casa onde Lula e Janja moram em bairro nobre de São Paulo, 16 de novembro de 2022.
Michelle Bolsonaro assume PL Mulher e ironiza: 'Hoje a única joia aqui presente são vocês', 21 de março de 2023.

Tracklist
"Festival do Futuro": veja programação completa da posse de Lula, 30 de dezembro de 2022.

Tribuna do Paraná
Lula prestigia posse de Jorge Samek na Itaipu, 23 de janeiro de 2003.

UOL
Lula entrou na cerimônia com neto; Janja, sozinha: saiba detalhes da festa, 19 de maio de 2022.
Resistência e Paris, cadelas adotadas por Lula e Janja, recebem presentes em SP, 24 de dezembro de 2022.
Janja terá cargo sem remuneração no governo, em sala que foi de Michelle, 1º de março de 2023.

Veja
Namorada de Lula: salário de R$ 17 mil e visita em horário de expediente, 24 de maio de 2019.
A primeira-dama da Lava-Jato, 24 de maio de 2019.

Lula e Janja: coxinhas, coxões e noivado, 27 de dezembro de 2021.

Como a cachorra resgatada por Janja inspirou nova frente eleitoral de Lula, 14 de março de 2022.

A missão decisiva de Michelle e Janja no embate entre Lula e Bolsonaro, 13 de maio de 2022.

Saiba quem está na lista de casamento de Lula e Janja na próxima quarta, 15 de maio de 2022.

Convidados só saberão na quarta onde será casamento de Lula e Janja, 17 de maio de 2022.

O vestido de Janja no casamento com Lula, 23 de maio de 2022.

Casamento de Lula com Janja impôs dura derrota a Bolsonaro no Google, 26 de maio de 2022.

O mistério sobre a nova casa de Lula continua, 29 de maio de 2022.

Lula e esposa, Janja, estão com Covid-19, 5 de junho de 2022.

Como Janja influenciou o pré-programa de governo de Lula, 6 de junho de 2022.

O nome que é sonho de consumo de Janja para o show da posse de Lula, 1º de dezembro de 2022.

Vogue
À moda de Janja, edição de janeiro de 2023.

SITES

Companhia de Geração Térmica de Energia Elétrica (CGTEE): https://www.cgteletrosul.com.br/ — Acessado em 19 de fevereiro de 2023.

Companhia de Transmissão de Energia Elétrica Paulista (CTEEP): https://www.isacteep.com.br/pt — Acessado em 19 de fevereiro de 2023.

Chroma Engenharia: http://chromaeng.com.br/usina-hidreletrica-barra-grande/ — Acessado em 6 de janeiro de 2023.

Escola Superior de Guerra (Curso de Altos Estudos de Política e Estratégia: https://www.gov.br/esg/pt-br/cursos/ESG/caepe-curso-de-altos-estudos-de-politica-e-estrategia — Acessado em 13 de janeiro de 2023.

Itaipu: https://www.itaipu.gov.br/ — Acessado em 19 de fevereiro de 2023.

JusBrasil, *Linha do tempo: um breve resumo da evolução da legislação ambiental no Brasil:* https://stj.jusbrasil.com.br/noticias/2219914/linha-do-tempo-um-breve-resumo-da-evolucao-da-legislacao-ambiental-no-brasil — Acessado em 7 de janeiro de 2023.

Movimento dos Atingidos por Barragens: https://mab.org.br/ — Acessado em 7 de janeiro de 2023.

ENTREVISTAS

Edson Silva, 13 de dezembro de 2022.

Helena Assaf, 23 de janeiro de 2023.

José Carlos Brito, 15 de dezembro de 2022.

Lindbergh Farias, 27 de dezembro de 2022.

Luiz Augusto Figueira, 14 de dezembro de 2022.

Luciana Worms, 6 de dezembro de 2022.

Marco Aurélio Monteiro Pereira, 14 de dezembro de 2022.

Miriam Prochnow, 19 de dezembro de 2022.

Roberto Baggio, 27 de dezembro de 2022.

Rogéria Holtz, 6 de dezembro de 2022

Siro Darlan, 19 de janeiro de 2023.

Valter Sâmara, 26 de janeiro de 2023.

NOTA DO EDITOR

Este é um livro jornalístico, escrito com base em entrevistas e pesquisas. O trabalho está em conformidade com o Art. 5º da Constituição, inciso XIV*, que assegura o direito de informar, e do cidadão de ser informado. Ainda assim, se algum leitor detectar qualquer imprecisão ou incorreção nos fatos narrados, os editores se propõem a reexaminá-los e a fazer correções. Para isso, é necessário enviar a informação ao endereço contato@maquinadelivros.com.br.

*É assegurado a todos o acesso à informação e resguardado o sigilo da fonte, quando necessário ao exercício profissional.

Este livro foi diagramado por Mariana Erthal (@marierthal.arte), utilizando as fontes Miller Daily Two, Acumin e Flegrei. A impressão foi feita em papel Pólen Bold 90g, na Gráfica Rotaplan, em abril de 2023, quando Janja estava em seu quarto mês como primeira-dama.